Nos tempêtes sont à la hauteur de nos rêves

ISBN : 978-2-8132-2750-8

www.editions-tredaniel.com
info@guytredaniel.fr
www.facebook.com/editions.tredaniel
@guy_tredaniel_editions

Nadalette LA FONTA

Nos tempêtes SONT À LA HAUTEUR DE *nos rêves*

Manifeste pour ne pas passer
à côté de sa vie

Guy **Trédaniel** éditeur
19, rue Saint-Séverin
75005 Paris

SOMMAIRE

HISTOIRE DE VIVRE

Ces dernières années ont été particulières, pour nous tous : on en convient. Pourtant, malgré tant de bouleversements et d'épreuves, elles ne me laissent ni un goût amer, ni le souvenir d'années gâchées.

> C'est en 2014 que mon esprit a fondamentalement changé de perspective. Au lieu de me laisser entraîner dans l'angoisse, de me plaindre, d'attendre demain, des jours meilleurs, une autre opportunité, un autre lieu, un autre temps, je trouve une richesse et des qualités à chaque moment du présent et ressens une gratitude profonde pour l'enseignement que dévoile l'instant.
>
> Ce que nous vivons, ce que je vis aujourd'hui, comme ce que je vivais hier, fait partie de mon chemin de vie. Intense et infini.

Ce qui s'est passé pour moi en 2014 est un miracle de la vie sur la survie

Je dois vous raconter ce qui a fait basculer mes incertitudes et mes croyances. Dans une tempête, coupée de mes bases, j'ai dû choisir une nouvelle route, celle de l'immensité des possibles qui n'attendait qu'une chose : que je brise mes amarres, que j'ose un cap inconnu, que je choisisse enfin une traversée qui m'appelait depuis longtemps.

En 2014, après quelques alertes que je n'avais pas su entendre, des signaux que je n'avais pas su voir, le destin ou la conscience se sont rappelés à moi, sans aucune douceur, par le biais de mon corps usé par le rythme effréné à 300 km/h que je lui ai imposé pendant plus de quarante ans. Le 14 octobre, date que je n'oublierai pas, ma légère scoliose [1] d'enfance non traitée, car j'avais vécu à l'arrache, ne respectant ni mon corps, ni une part de moi, était devenue une monstrueuse double scoliose de 73°. Mon corps maltraité, je vous propose de nous en servir comme métaphore des problèmes de non-respect, de violence, d'injustice, de consumérisme exacerbé, de dégradation des ressources, d'abus en tous genres, d'apprenti sorcier technologique, économique et sociétal. Mon corps maltraité, comme le monde aujourd'hui, était fracassé, brisé, épuisé, douloureux, au bord du gouffre.

1. Déformation de la colonne vertébrale : https://fr.wikipedia.org/wiki/Scoliose.

« Nos tempêtes
sont à la hauteur
de nos rêves. »

Une seule solution : l'arthrodèse [1], une chirurgie brutale. Redresser la colonne vertébrale en la soudant entre des tiges de titane et des vis. On parle alors de fusion, c'est dire si le programme implicite était déjà inconsciemment orienté vers une mutation. Neuf heures d'opération. Bonjour, le message subliminal ! Je me déformais physiquement et moralement, on me remet donc de la structure. Du sauvage, lourd, une vraie remise à l'heure de mon compteur personnel. Un arrêt. *Reset* ! Un peu comme ce qui se passe aujourd'hui dans notre civilisation, un arrêt que je n'avais pas vu venir, que je pensais surtout temporaire.

Simplement au réveil, ce ne fut pas le scénario attendu, on m'a dit : « Tu es paraplégique, ta moelle épinière lésée, tu ne remarcheras jamais plus. » Écroulée, tétanisée, sidérée, sous le choc. La sidération, c'est la caractéristique de tout trauma. Enfermée pour neuf mois à l'hôpital. Métaphore, à nouveau, au cas où je n'aurais pas compris. Je vous le dis, le confinement, je connais : ce confinement-là, de 2015, obligatoire et obligé, c'était le modèle taille XL.

Imaginez :

D'hyperactive – travaillant dans de grandes entreprises à l'international, menant plusieurs vies en une, à haut niveau –, je suis devenue épuisée, incapable de lire, d'écrire, enfermée, et limitée dans mon esprit. Tout petit régime au ralenti. À l'horizontale et déconnectée.

D'actrice de ma vie (impliquée notamment dans l'émergence des réseaux au féminin), je suis devenue spectatrice

1. Chirurgie du rachis, notamment : https://fr.wikipedia.org/wiki/Arthrod%C3%A8se.

du néant. Je fus emprisonnée dans un espace de 10 m^2, clouée dans un lit ou un fauteuil roulant, avec un accès très limité à ce que mes mains pouvaient atteindre. Faites l'exercice, étendez vos mains, 10 m^2, c'est contingenté, restreint et restrictif. La verticale m'était interdite.
D'indépendante (féministe dans l'âme) à dépendante. Assistée en permanence. Bien loin d'un vol business intercontinental ou de ma vie de folie.
Plus femme, plus mère, plus personne, plus rien. Plus de plan de carrière, de famille, vie explosée.
Depuis, depuis 2014, je n'ai plus jamais vécu, comme ma famille ou vous, libre, autonome.

C'est dans cet état, par cet état que je me suis réinventée

Ce qui s'est passé avant, pendant et surtout après pour moi, nous y reviendrons ensemble au fil des pages, quand ce sera le bon moment pour que vous puissiez dans mon écheveau repérer quelques fils utiles à tirer dans toute crise que nous vivons. Ces crises que tous nous expérimentons : elles nous sont communes, mais tout autant spécifiques à chacun, qu'elles soient personnelles ou collectives. C'est la même chose pour chacun d'entre nous, si nous l'acceptons.

Nous ressentons tout aussi fort notre unicité que nos similitudes dans nos expérimentations successives. Notre chemin est personnel et unique, intime mais également constitué

« La vie de chacun
d'entre nous n'est pas
déterminée d'avance,
elle s'écrit
chaque jour,
différente et enrichie
de l'expérience
du jour d'avant. »

d'expériences si proches et reliées. Nous les foulons de nos pieds successivement, comme des raisins bien mûrs au cours de notre vie, tous autant que nous sommes, pour en extraire le moût, élaborer notre vin, notre grand cru.

Je ne suis pas devenue juste ébahie depuis 2014. Je garde un esprit analytique et caustique, mais j'ai la joie au cœur et je m'émerveille de ce que la vie apporte quand on la laisse faire, quand on croit en elle, quand on croit en soi, en lâchant prise, quand je me manifeste au monde. J'aime vivre, j'aime ma vie.

Je vais vous livrer sans gants des témoignages personnels, intimes, des « confidences », et ce mot n'a rien d'anodin.

Ne sous-estimons pas le pouvoir des récits et de l'authenticité

Nos histoires composent notre Histoire, notre légende personnelle. Je ne propose pas une Méthode infaillible et absolue, je manifeste ce que j'expérimente et je vis. Cash, mais parfois pailleté.

Pour autant, je ne regarde pas ces confidences comme des anecdotes. Elles sont des métaphores indispensables qui ont le pouvoir de nous titiller l'esprit, de nous désembrumer et de nous accompagner vers de nouveaux espaces, comme les « cailloux » du Petit Poucet [1] qui jalonnent sa route en terre inconnue. Certaines de nos confidences touchent les autres, tous les autres

1. « Le Petit Poucet », conte de Charles Perrault : https://fr.wikipedia.org/wiki/Le_Petit_Poucet.

parfois, car elles ont valeur d'exemple, valeur universelle. Les miennes, les vôtres, les confidences de l'humanité. La dernière qui me vient à l'esprit date de début mars 2021.

> L'écrivaine que je suis devenue depuis 2017 piaffe dans un monde sans librairie et sans conférence publique. Elle écrit cependant : un roman, une saga. J'anime aussi quelques échanges virtuels qui regonflent les états d'âme de ceux que le confinement lamine. Je mets notamment en perspective celui-ci, car en effet, je l'ai déjà rencontré sous d'autres formes, des enfermements moins généralisés. Il n'y a plus de scène publique, mais voilà qu'on me propose à Bordeaux une vraie scène, mais sans public, un deuxième TEDx [1]. Mon premier TEDx, « Rien ne nous arrive par hasard [2] » a atteint une audience considérable depuis 2019 : deux millions de vues. On me déconseille pourtant de galvauder ma parole dans une conférence sans condition optimum de succès. Qui plus est, qui doit se tenir douze jours plus tard, dont je n'ai pas écrit un mot – quatorze/dix-huit minutes, c'est un travail intense à fournir. Le 8 mars 2021, me vient pourtant ce titre, « Je ne veux pas crever [3] », comme une urgence. Un an, jour pour jour, après le spectacle « Debout citoyennes » d'Eklore [4], dernière scène 2020 au Zénith de Paris, où je m'exprimais au nom de « La voix de la verticalité », avec dix autres oratrices, parmi cent autres femmes Debout.

1. Conférences publiques de dix-huit minutes maximum : https://www.ted.com/talks?language=fr.
2. https://www.youtube.com/watch?v=8S8mie3bwtw.
3. https://www.ted.com/talks/nadalette_la_fonta_six_je_ne_veux_pas_crever.
4. Spectacle de l'association Eklore : https://www.youtube.com/watch?v=ARZjIK2d-f4.

Après la verticalité, c'est donc l'horizontalité qui vient me chercher, m'attirant vers le néant, autour du gisant, pas loin de la tombe, dans le caveau : « Je sais que je vais mourir, mais que je ne veux pas crever. » Un thème violent. Le texte tombe de moi comme un couperet : la mort, le sens de la vie, les aléas nécessaires du parcours, les rôles, les masques jusqu'à soi-même, les épreuves, la pandémie, les oiseaux de mauvais augure, la force et la fragilité du Jedi [1], s'aimer pour pouvoir aimer l'autre, l'amour est la loi.
Le texte m'habite. Il est le socle de ce Manifeste.
Me vient de l'aide, le monde vient me soutenir : une amie m'accompagnera à Bordeaux, un coach me recadre par téléphone, amies proches et famille m'encouragent. Je suis assez fatiguée, ma mémoire bute et n'accroche pas.
Mais ce texte doit sortir. Je le sais. Je me suis engagée à donner ce que je n'ai pas alors la capacité mentale de mémoriser dans un tel délai. J'ose l'interdit : je demande sans espoir de succès un prompteur. Et c'est oui, vingt-quatre heures avant l'enregistrement, on me promet un prompteur. Le 18 mars 2021, répétition et enregistrement. C'est vraiment singulier et complexe de parler à des gradins vides, à un public absent, sans cette énergie du partage et du don. Mais j'y crois et je le fais. L'enregistrement de « Je ne veux pas crever » est désormais public sur YouTube depuis le 7 avril 2021, et il trace son chemin, comme mon premier TEDx. L'histoire ne s'arrête pas là. Je suis, depuis quelque temps, en contact avec les éditions Guy Trédaniel,

1. Les bons dans *Star Wars* : https://fr.wikipedia.org/wiki/Jedi.

nous recherchons un projet commun, et le 21 mars, je leur propose le Manifeste de « Je ne veux pas crever ».

Ce livre et manifeste[1], jalonné de récits, s'est écrit à travers une multitude de signes, de coïncidences, d'expériences, d'apprentissages, des rencontres, des désirs, des circonstances. Il n'est pas inespéré, inattendu, anecdotique, il n'est pas isolé, il n'est pas déconnecté.

Tout récit est distributeur, dispensateur de petits cailloux blancs

Ces cailloux blancs éclairent ma vie et me permettent aussi d'aller un peu plus loin, un peu plus authentiquement, ailleurs, et là où je dois aller. Ces « cailloux blancs », on en a tous dans nos poches, Petits Poucets et Poucettes[2] du XXIe siècle. Comme des cairns[3], que l'on nomme aussi montjoies, ils forment *in fine* des ensembles. Vous avez les vôtres, que vous les utilisiez ou pas.

La beauté des récits et des contes est simplement de les rendre visibles, dicibles, identifiables, partageables. Les récits nous permettent de bénéficier de petits « cailloux blancs », décelés ou expérimentés par d'autres, de nous les approprier,

1. Texte engagé : https://fr.wikipedia.org/wiki/Manifeste#:~:text=Issu%20du%20latin%20manifestus%2C%20les,Dieu%20ou%20 de%20sa%20volont%C3%A9.
2. Michel Serres, *Petite Poucette*, Le Pommier, 2012. https://fr.wikipedia.org/wiki/Petite_Poucette.
3. Amas de pierres : https://fr.wikipedia.org/wiki/Cairn.

« Mes récits
construisent en moi,
ce sont des bâtisseurs,
ils sont une part
de moi. Ils laissent
des traces,
ils marquent ma vie,
ils sont chemin
et cheminement. »

tout ou partie, ou de les coloriser pour nous servir – comme un vieux film remis à notre goût.

Cette accumulation de signes qui ont conduit à la parution de ce livre : c'est un récit parmi ceux que j'aime ; il me permet de vous rencontrer. Car je suis là pour vous, ce livre est écrit pour vous. Comme vous êtes là pour moi, en le lisant.

Un *role model*[1] joue par définition un rôle, je ne suis pas un *role model*, rassurez-vous, puisqu'enfin je ne joue plus de rôles.

Je SUIS. Je vis. Vivre, c'est oser l'aventure.

Que cette lecture vous enchante, elle est vôtre.

1. Exemple : https://fr.wikipedia.org/wiki/Role_model_(sociologie).

« Servons-nous,
volons les petits
cailloux que les livres
et les auteurs nous
offrent, ils peuvent
être délicieux
et stimulants.
Ils sont magiques. »

1

SURVIVRE, POUR NE PAS CREVER

Enfants, on l'a tous été, vous et moi.

De temps en temps, et de plus en plus fréquemment avec l'âge qui m'apporte une certaine sérénité et une forme de distance bienveillante à l'égard de cette enfant que j'ai été, je m'interroge : pourquoi ? Comment ? Pourquoi venir au monde, dans un monde qui ne semble pas si désireux de nous accueillir ?

Comment cela aurait-il pu se passer différemment, et surtout est-ce que cela aurait pu se passer autrement ?

Que savons-nous de nos enfances ?

De ma naissance, de mon enfance, fort longtemps – disons jusque vers la quarantaine –, je n'ai eu aucune image, si ce n'est quelques photos en noir et blanc, non datées et éparses, qui ne ravivaient aucun parfum, aucune émotion, aucune tendresse. Personne n'en a d'ailleurs gardé de souvenir : une enfance transparente.

Je n'en faisais pas un drame : au pire, j'ironisais sur ma capacité à me mettre au monde seule, autoparturiente de ma vie. La petite enfance, rien. La petite fille, rien. Pas d'image de l'enfance donc, si ce n'est ces quelques photos sans légende, pas de récit, ni une famille ébaubie, c'est maigrelet pour construire son identité et sa vie.

Histoire sans histoire, jusqu'au jour…

Vers 5 ou 6 ans pourtant, une information m'écrasa, assenée par ma mère, je l'imagine : « Ton frère jumeau est mort à la naissance ». Un frère, de mon âge, autre que ces figures lointaines et trop âgées que furent mes demi-frères. Trop sympa.
Mais comment, jumeau ? « Deux sacs dans mon ventre, toi, tu t'en es sortie », lâcha ma mère entre deux bouffées de Craven A. J'ai dû regarder son ventre avec une certaine distance, teintée de répulsion. « Comment, mort ? » Et mon père d'ajouter, avec tact : « Lui, il est mort, toi, tu t'es débrouillée pour sortir vivante. » « Et pourquoi ? et comment ? » insistent les enfants, encore et toujours. « Tu as dû l'écraser. » « Vivant ? » « Vivant ou mort, on ne sait pas, ça n'a pas d'importance. » « Mais il est où ? » « Arrête avec tes questions, il est mort, on ne sait pas où il est, ils l'ont jeté à la benne à la clinique, va jouer. »
Et nous en sommes restés là, je suis restée avec ce frère en moi, à devoir vivre seule et pour lui, un temps certain.

« Être
une survivante,
cela donne
une tonalité
à l'existence,
une relation spéciale
à la vie et à la mort,
aux autres, au désir
et à l'écoute
de soi. »

Je suis donc sa survivante, une survivante

Qui n'a pas crevé. Longtemps, je me suis crue sa meurtrière, aussi. Difficile de s'aimer après cela.

> Être née avec un mort sur les bras, avoir peut-être senti sa vie – à peine entamée à mes côtés – se finir, son dernier souffle s'être exhalé sur moi *in utero* ou au passage du vagin, vu son corps être traité sans égards, comme aurait pu l'être le mien si son sort avait été le mien. Il a été jeté à la poubelle. Cela ne vend pas du rêve comme récit.
> De lui, j'ai appris, dès la naissance, qu'on va tous mourir, qu'il est mort, que je vais mourir. Bien après, on me dira que chaque âme choisit son chemin bien avant la conception et que cette mort fut son choix. Admettons. Il m'a surtout semblé que je ne lui avais pas donné assez envie de vivre avec moi. Il n'a pas eu d'hésitation à m'abandonner, terrifiée et douloureuse. Allez faire confiance à la parole d'un homme quand le premier d'entre eux vous a ainsi laissée tomber.

Tout le monde naît dans un monde, régi par une époque, une culture, dans une famille, traversée d'expériences, bonnes et mauvaises. Nous naissons rarement sur une île déserte.

Nous avons tous dans un coin d'inconscient des croyances qui peuvent positivement ou négativement impacter notre vision du monde, convenons-en ! Survivante, je suis demeurée, ma blessure et ma force.

La plupart d'entre nous naissent heureusement avec le service minimal de l'amour

Chaque naissance est unique et incroyable. Elle est une merveille, un moment d'éternité. C'est ce que j'ai découvert le jour où j'ai pu accepter, m'étant suffisamment réparée, de devenir mère.

Les enfants de parents émerveillés, de « bons » parents, ces enfants-là, sont des êtres vivants. Mes enfants sont des vivantes, je le sais. Enfant et aimé : la vie vous appartient dès votre premier souffle. C'est une base solide que nul ne vous retirera. Quelles que puissent être ultérieurement, et pour la quasi-totalité des êtres humains, avec une intensité plus ou moins forte, les inévitables blessures de l'intimité familiale, réelle et fantasmée, les blessures de l'âme et de l'ego. Les « cinq blessures qui empêchent d'être soi-même [1] », pour ne citer qu'elles, n'épargnent pratiquement personne.

Difficile d'être humain sans expérimenter certains aléas de la vie

Je veux être honnête avec vous, et vous le savez déjà très probablement, la vie est rarement toute rose, lisse et sucrée,

1. D'après le livre de Lise Bourbeau : *Les 5 blessures qui empêchent d'être soi-même*, Pocket, 2013.

« Cela, c'est la bonne nouvelle, il n'y a aucune fatalité au désamour. »

et sans aspérité. Rejet, abandon, humiliation, trahison et injustice sont des référents universels. On a toujours un ou deux d'entre eux, au choix, collés à nous, toxiques à souhait, qui se réveillent au moindre soubresaut, décidés à imposer leur lecture du monde.

Les blessures parlent d'elles-mêmes, de nos ressentis communs, de nos peurs les plus profondes qui déforment nos considérations et décisions vitales. Elles parlent de nos manques, autre dénomination des absences. Mais leur intensité et la douleur qui les accompagne sont personnelles, et aussi variables, notamment quand le temps fait son œuvre.

Chez les enfants nés aimés au monde des vivants, elles sont moins vives et profondes.

Chez moi, la blessure d'abandon était prégnante et vive, elle l'est demeurée

> Abandon de ma moitié ou de mon double à la naissance, éducation par la vacuité, j'ai oscillé toute ma vie entre la peur d'être abandonnée et la peur d'abandonner.

La première peur, cette première blessure, nous incite moi et mes semblables à toutes les compromissions pour éviter cette inexorable fatalité et à une méfiance quasi permanente de tout et de tous en prévision des souffrances qu'on va forcément nous infliger – que ce soit à titre personnel ou professionnel. On est fragilisé et hypersensible sur le sujet, et nul ne l'imagine, ni ne le prend en considération.

> Je suis devenue la spécialiste des plans « ceinture et bretelles » pour me préserver des incertitudes et dérobades. Et chacune d'entre elles, chaque entaille à l'engagement, chaque désertion perçue ou réelle m'assassine.

La peur d'abandonner, en corollaire, nous fait craindre de faire souffrir, de faire subir à notre tour aux autres cet abandon primal qui nous fait tant souffrir.

> La peur de tuer… à nouveau pour moi. Cette peur m'a conduite à m'entêter dans des liens complexes ou distendus, à lutter pour les maintenir jusqu'à l'absurde. À me sacrifier, à me punir aussi. Mais aussi par d'immenses mouvements de rage et d'exaspération à, parfois, envoyer tout brutalement balader, à couper sans affect apparent, à quitter, apparemment insensible et détachée, à narguer ou à m'enfuir du jour au lendemain.

Qu'en est-il pour vous ? Les quatre autres blessures : rejet, humiliation, trahison et injustice sont tout autant névrotiques pour ceux qu'elles atteignent.

« L'abandon,
lui, induit plus que
tout autre la survie,
et la survie, c'est très
souvent la fuite. »

La survie est l'apanage familier de ceux qui n'ont pas été accueillis avec joie

Pour des raisons les plus diverses, et je suis des leurs. J'en suis consciente. Survivre, c'est devoir mettre seul en place ses conditions de vie, c'est à la fois moins que vivre et vivre davantage, c'est se défendre de tous les dangers.

> Essentiellement survivante depuis cette survie originelle à mon frère, mon parcours de vie est marqué par une difficile gestation de moi-même, un long cheminement entrecoupé de combats et jonché d'expériences, avec une construction et des déconstructions, toutes aussi importantes, pour que je ne devienne moi-même, aujourd'hui, qu'à mi-parcours de vie.

Seul, on décide, on avance, on recule, on change de direction. On peut mettre plus ou moins de temps à apprendre à vivre, mais la création de soi, nous y passons tous, à notre façon. Nos compréhensions, nos fulgurances naissent de nos erreurs, de nos manques, de nos loupés et de nos essais. Par des éclairages qui viennent à point nommé au cours de nos vies.

Ainsi de ces quelques mots de Boris Cyrulnik :

> “La vie est une partie d'échecs. Les premiers coups sont importants, mais tant que la partie n'est pas finie, il y a toujours de beaux coups à faire.

« Jouons.
Pour ne pas crever.
Pour survivre.
Pour vivre aussi. »

Se maintenir en vie, juste le nez hors de l'eau, à peine émergent, comme une plante hors sol, le temps de l'enfance. Pas sur un terreau fertile, abondant, nourrissant. Et parfois dans un désert. Mais développer en secret son biotope, s'accrocher au peu et y insérer des racines. Un peu souterraines.

S'absenter du silence d'une enfance

Pour moi, dès que j'ai su lire, il y a eu les livres, une perfusion de livres. Je dévorais tout, en nombre et de multiples fois. Sans tri sélectif. Je me perdais dans les livres. On m'arrachait à eux, et c'est mon corps qui allait à table, mon esprit voguait, caché, scotché par *Les Aventures (merveilleuses, mais authentiques) du capitaine Corcoran*[1]. Trop tôt, n'en saisissant qu'une infime partie, j'ai lu tout Balzac. Je trouvais un livre, un auteur, une histoire, je l'avalais, Enid Blyton[2] comme Boris Vian. Mes livres étaient tachés, cornés, entassés. Ils n'avaient pas de sexe, souvent mes héros étaient de petits garçons comme Tom Sawyer[3], me confortant dans l'idée que mon jumeau, lui, aurait su. Si j'étais née plus

1. Livre pour les adolescents : *Les Aventures (merveilleuses mais authentiques) du capitaine Corcoran*, Alfred Assolant, 1807.
2. Romancière pour enfants : https://fr.wikipedia.org/wiki/Enid_Blyton.
3. Personnage de Mark Twain dans *Tom Sawyer* : https://fr.wikipedia.org/wiki/Tom_Sawyer.

tard, c'eût été *Eragon*[1] ou *Les Chroniques de Krondor*[2]. Je dois ma vitalité, en effet, à cet état intime et grandiose où la lecture m'a d'abord emmenée, me connectant autrement au monde et m'autorisant à vibrer. Ces vies dans lesquelles je m'envole et je m'évade depuis que je sais lire. Certaines semblent d'une futilité absolue, mais sont venues me protéger de réalités trop lourdes, d'autres m'ont élevée vers des sphères de pure joie et m'ont ouvert des horizons fabuleux, une autre façon de voir, un autre univers. On a par la lecture accès à un monde parallèle, à des géniteurs non toxiques. Les livres – lire a été un foyer pour moi. Les œuvres d'art, le cinéma aussi.
En même temps, les poupées, les Barbie ont été le support de toutes les constellations familiales[3] de mon enfance, métaphores siliconées de la vacuité des relations familiales. Tout objet de transaction, toute évasion psychique démine les incompréhensions et les œillères des milieux familiaux toxiques, l'imagination est encore une fois salvatrice.

1. Christopher Paolini, *Eragon*, Bayard Jeunesse, 2004 : livre fantastique pour jeunes adolescents : https://fr.wikipedia.org/wiki/Eragon.
2. Raymon Feist, *Les Chroniques de Krondor*, 1982 : livres fantastiques de Raymond Feist : https://fr.wikipedia.org/wiki/Les_Chroniques_de_Krondor?tableofcontents=0.
3. Constellations familiales et systémiques, thérapie conçue par Bert Hellinger : https://fr.wikipedia.org/wiki/Constellation_familiale.

On peut ainsi dénoncer le réel et la symbolique des schémas imposés par le jeu

Fillette, ce fut le jeu de me déguiser, de suivre le scénario pour plaire dans ce monde de futiles apparences et convenances : la fée, la merveilleuse, la marquise, accessoirement la marchande, la petite fille propre et lisse, l'enfant sage et pâle, la fille de sa mère, la dernière jeunesse de son père. Tenter ainsi de trouver une place, et déjà un rôle. À cet âge où on commence à se qualifier par rapport à un milieu, dans une lignée, dans la société, alors j'ai appris comme beaucoup à me servir de rôles et de masques, à devenir « le » personnage attendu.

Être fille et devoir parader, comme si cela faisait partie de notre nature profonde. Parce que nous percevons, en tous cas, comme un devoir de répondre au conformisme de nos parents : l'archétype proposé. Nous avons tous été par moments, parfois furtifs, l'enfant parfait. Vouloir être intégré à tout prix, il me semble. Et on se coule dans certaines « boîtes ». Il faut y rentrer pour convenir et avoir la paix. Hors de la boîte, pour plaire, à défaut d'être aimés pour qui nous sommes, point de salut.

Peu de «Je» dans le jeu, en fait!

Jouer permet «d'en être», d'être cooptée, acceptée. L'effet du mimétisme et le prix de la tranquillité. S'intégrer d'abord. La survie développera l'imagination. Ensuite. Plus tard.

Le jeu crée aussi un «Je» fantasmatique. Des scènes, des lieux, et le temps se remplit. On oublie le vide.

> J'ai essayé de me révolter aussi. Mais quand est venue l'heure de quitter les rivages ennuyeux de l'enfance, comme beaucoup de femmes de cette époque, j'ai eu peur d'écouter toute ma colère, ma révolte, ma voix intérieure. Celle qui me disait: «Tu es différente, tu mérites mieux, tu es capable de mieux, tu as des désirs qui te sont propres.»

Nous sommes beaucoup à avoir choisi la stratégie de la conformité et de l'adaptation apparentes. Plus sournoise, plus glissante. Probablement, aussi, parce qu'en survivants suradaptés, nous avons eu tendance à ne pas faire des choix tranchés, à ménager la chèvre et le chou, car survivre, c'est aussi toujours garder un pied dans la porte. Prêt à fuir!

> Dans ce «jeu», j'ai finalement oublié partie de mon JE, pour satisfaire et devenir cette Hélène [1] qu'on attendait, infiltrer le système, m'y fondre et le conquérir tel un cheval de Troie.

1. Enjeu de la guerre de Troie: https://fr.wikipedia.org/wiki/Guerre_de_Troie.

Adolescente, j'ai un rôle, un personnage, plus animé et combatif, mais factice

À certains moments, je n'ai plus su qui j'étais vraiment : ce qui était moi et ce qui était mon moi adapté.
Dans ces moments-là, on se crée des bulles, des repaires secrets et insoupçonnables. Un lieu où rêver et fantasmer.
Mon nouveau foyer était art et spectacle dans le silence et le vide de l'ancien musée d'Art moderne de la Ville de Paris [1] : je le connaissais comme ma poche et je m'y posais souvent, inerte et invisible, devant la gaieté d'un Matisse, le rêve douloureux d'un tableau de Gauguin ou la cruauté d'un Toulouse-Lautrec selon le besoin d'évasion qui se faisait impérieux en moi. Les personnages étaient alors attachés aux cimaises, sur les murs, et je prenais le temps de me retrouver dans une vérité intime dont je n'avais pas conscience. J'imaginais des histoires. À nouveau. Puis je ressortais de mes transes et des histoires pour reprendre certains chemins convenus.
Croyant peut-être pouvoir en éviter d'autres, je me suis illusionnée sur ma réelle capacité à choisir, à emprunter d'autres allées qui, pour être différemment fréquentées, n'en étaient pas moins normatives. J'ai 16 ans, je dis : je voudrais devenir écrivaine, journaliste. Mon père se gausse : « Si tu aimes écrire, sois dactylo, la presse va disparaître, ce n'est pas

1. https://fr.wikipedia.org/wiki/Mus%C3%A9e_d%27Art_moderne_de_Paris.

un métier, ça ne va pas te rendre riche. Tu devras épouser un mari. » Saint Flaubert, gardez-moi du bovarysme [1].

Riche comme synonyme d'heureuse et libre

En effet, ce n'était pas avec des droits d'auteur de livres hypothétiques que mes 18 ans atteints, j'allais avoir les moyens de me barrer et de sortir du joug familial et paternel. Je scrute attentivement les mécanismes de la réussite sociale et financière, et je les applique à la lettre : travailleuse acharnée, dans les années fric, ne pensant qu'à réussir et à plaire. Je vais y arriver. Je vais leur montrer.

Le seul choix des œillères et des contraintes qui allaient régir ma vie

Entreprendre pour moi alors se résumait au minimum syndical des études universitaires.

1. État d'Emma Bovary, héroïne du livre de Gustave Flaubert : https://fr.wikipedia.org/wiki/Bovarysme.

Sciences Po, sans originalité, mais à Aix-en-Provence, pour respirer au soleil. Et surtout pour éviter un statut d'épouse qui n'attendait que ma reddition et me paraissait le plus menaçant. Plus proche d'un choix entre la peste et le choléra que d'une vocation. Je n'ai pas fait ce choix par passion et désir des métiers que j'allais exercer, mais par tactique, pensant me procurer ainsi le ticket d'entrée le plus rapide et rémunérateur vers ce que j'appelais liberté. Je n'ai pas eu le courage de choisir l'écriture que mes tripes appelaient de toutes leurs forces, ni pris le risque d'avoir des difficultés à arriver à mes fins. Assoiffée de vivre, ne voulant me priver de rien, je me suis oubliée.

Comme beaucoup de jeunes adultes dont la recherche d'eux-mêmes s'effectue sur des bases extérieures à eux et à elles, faute d'avoir encore un cadre intérieur de référence. On peut confondre parfois la fin et les moyens quand on n'a pas terminé d'apprendre la vie. Les travaux pratiques sont faits pour s'exercer, pas pour décrocher illico le prix Nobel[1].

Toujours survivante, en ce qui me concerne.

Dans un cadre de raison, et non de cœur, qui allait imposer ses diktats et ses règles.

1. https://fr.wikipedia.org/wiki/Prix_Nobel.

Les cailloux blancs

- Être une survivante donne une tonalité à l'existence, une relation spéciale à la vie et à la mort, aux autres, au désir et à l'écoute de soi.

- Il n'y a aucune fatalité au désamour.

- Les cinq blessures de l'âme n'épargnent pratiquement personne : rejet, abandon, humiliation, trahison et injustice sont un référent universel.

- La survie, c'est très souvent la fuite.

- Jouer permet « d'en être », d'être coopté, accepté.

- À certains moments, nous ne savons pas qui nous sommes vraiment : ce qui est moi et ce qui est mon moi adapté.

- Survivre, c'est toujours garder un pied dans la porte.

2

LES CHOIX DICTÉS

Les « choix dictés », s'y soumettre, à 20 ans, était la solution la plus sage. Et aussi probablement la plus efficace à court terme dans des années 1980 assez convenues.

Quand on devient jeune adulte, la cellule familiale de base perd un peu de son importance, devient moins influente. Elle cède la place à d'autres systèmes de structuration qui prennent le relais : ils contrôlent les entrées et les places du grand jeu de la société, avec leurs cases Réseaux, Appartenance, Travail, Reconnaissance, Échelle sociale, Encadrement, Médailles en chocolat et Symboles de réussite.

En croyant couper le cordon, on se soumet à un nouveau licol

On se découvre simple élément d'une chaîne d'individus et on apprend à les connaître. On apprend comment les rencontrer, les contacter, les lois des alliances et des territoires. On réseaute. On pose des cartes, on gagne des mains, on double sa mise, on perd, on ne fait pas un pli. On gagne des médailles ou des gages. On change de camp, on a un chef, un nouveau père ou une nouvelle mère, on veut être apprécié, on est le nouveau fils, ou la nouvelle fille, ou le fils maudit ou le fils prodigue. Bref, on joue à un autre jeu, à un autre niveau, dans un nouvel univers sans forcément se rendre compte que c'est, en réalité, simplement davantage de la même chose. Et qu'encore, et à nouveau, il va falloir intégrer et subir les règles et les choix dictés par l'extérieur. Et faire figure.

Bonne de préférence.

Ne nous flagellons pas aujourd'hui d'avoir fait simplement de notre mieux, ce qui nous était possible

Soyons juste indulgents avec nous-mêmes : quelle que soit l'année de notre naissance, quelle que soit l'appellation dont on affuble notre génération, Y, X, baby-boomer, millénial ou autres, nous avons tous démarré nos existences dans une grande ignorance du monde, avec peu d'atouts dans la manche.

> Très franchement, m'incliner devant la puissance de certaines forces en présence, m'ajuster à une réalité plus établie que moi, à celle aussi des mythes de ma génération – déjà moins sclérosés que le seul univers de l'enfance –, est ce qui m'a probablement évité, malgré tout, le pire.

Alors bien sûr, on va parfois au plus rapide, au plus visible, au plus connu, à ce qui va nous apporter le maximum de *likes*. Et ce n'est déjà pas si mal d'arriver à ce faire.

Se rallier au consensus général de son époque est, pour nombre d'entre nous, une première marche dans la quête de nos vies

Une décision salutaire aussi.

Nos choix sont « dictés » à ce moment-là, par plus éminents que nous. Ils peuvent cependant ne pas nous conditionner pour la vie. Tout pourra changer. Même si nous l'ignorons encore. On choisit donc d'être partie prenante du mouvement de l'époque. On en devient même acteur, intégrant une scène sociale et économique plus vaste et porteuse que le petit théâtre familial de départ, participant à une forme d'émancipation ou d'indépendance.

Nous avons ainsi suivi des cursus universitaires ou autres, établi des relations avec des gens nouveaux, développé des capacités, découvert nos goûts et dégoûts. Nous avons aimé, souffert, nous avons mis au jour nos dépendances et nos rejets. Découvert le pouvoir de l'argent et ce qu'il n'achetait pas.

Découvert les règles du jeu de la vie occidentale, entre autres.

> À ce moment-là, m'adapter a été la seule et meilleure voie pour moi, celle que j'ai choisie, dans laquelle je me suis grandie. Elle m'a convenu, comme elle a convenu aussi à beaucoup d'autres. Elle était aussi enviable par rapport à d'autres détresses, d'autres situations, je le reconnais. J'ai été nourrie, j'ai mangé. Cette voie n'était pas parfaite, moi non plus.

« La révolution
est toujours possible,
mais pas forcément
adaptée et adoptable :
les choix "dictés"
nous sont plus utiles,
un moment. »

Je croyais tout savoir, mais je ne savais rien de rien, rien de moi

Rien du système non plus. J'avais une petite vingtaine, il me manquait la structure. Aujourd'hui, je vois ce que ce choix et ses renoncements m'ont aussi coûté. J'aurais, certes, pu croire davantage en moi, m'écouter, tenter des aventures incertaines, mais seule et sans soutien moral, ce n'était pas si évident. Écrire, oser écrire. Je doutais de moi. J'ai joué la norme et sa sécurité.

L'époque consentait théoriquement aux filles le droit à l'autodétermination

Mais dans une société totalement patriarcale. Aujourd'hui, le monde a probablement bien changé, dans un sens plus positif et inclusif. Peut-être ce que j'en dis n'est plus pertinent. Je l'espère. Mais viscéralement, je crois encore utile de ne pas oublier, ni d'occulter ce passé proche et alors quasi universel.

Les années 1980, c'était encore cela : un monde du travail conçu et maîtrisé par les hommes pour les hommes, au nom du redressement économique et social d'après-guerre dans la France des années 1945-1985. Le monde, aussi, pour partie, alors. Le monde encore parfois aujourd'hui. Les femmes, les filles étaient juste admises à prendre part, humblement, à ce monde en devenir, avec cette force de travail qu'on leur avait découverte et qu'on voulait bien utiliser.

Ce monde était un monde de compétition, de nouveaux horizons, d'économie de marché, de développement de biens de consommation, pour certains destinés au foyer, et en théorie aux femmes. Le masculin dominait hégémoniquement la société, avec des grandes puissances, même déclinantes, une structure hiérarchisée et pyramidale et une vision profondément conquérante et matérielle de la notion d'entreprendre et de réussir.

Je ne cherche ni responsable ni coupable, je ne charge pas les compagnons de route que nous avons pu avoir, ni les hommes qui sont à nos côtés aujourd'hui. Mais alors, la loi du plus fort prévalait, la loi de l'existant également.

Les hommes tenaient les cordons de la Bourse

Et les manettes des entreprises. Le droit de vote n'avait été accordé aux femmes en France qu'en 1944. À ne pas oublier. On parlait entre hommes politiques, chefs d'entreprise, directeurs, monsieur le directeur. Au Masculin, s'il vous plaît, la patrie reconnaissante.

Le boum économique et l'emploi tendaient les bras à tous et à toutes, mais c'était les hommes qui embauchaient, dirigeaient et avaient gravé dans le marbre les usages et les règles du monde du travail. Aux étages de direction des entreprises, les dactylos secrétaires seules y représentaient le sexe dit faible. Au service non plus du thé – quoique souvent encore –, mais du verbe hiérarchique et masculin. Et nous étions, j'étais si bien éduquée que je ne voyais pas de mal à, de moi-même, proposer un café. J'étais entraînée à servir.

Par esprit pratique, et avec une condescendance amusée, les dirigeants commençaient à admettre, dans des fonctions supports clairement identifiées, la capacité de certaines femmes à franchir la ligne interdite des seconds couteaux. S'ouvraient des opportunités à certaines, gracieuses et sages, notamment dans le tertiaire. Et les femmes faisaient ainsi parfois merveille.

Sans se mettre trop en avant. Avec délicatesse, s'insérant dans la culture ambiante, aimablement paternaliste, et toujours au service du seul roi. Et de ses quelques roitelets.

Nous avions cette incroyable faculté de comprendre entre les lignes

On nous créditait d'apaiser les tensions, de nous soumettre avec grâce et d'honorer. Et surtout de nous adapter : femme, mais avec la vêture d'un homme si c'était plus correct, à moins qu'un vêtement féminin convenable et convenant soit souhaité et souhaitable pour des raisons peu philosophiques.

> Un « récit » révélateur comme toujours. « Mademoiselle », m'a dit un jour une secrétaire, de la part de son patron, qui

était également le mien : « votre robe chemisier en jeans ne nous fait pas honneur, on ne porte pas de denim à l'étage de la direction ». Ma tenue d'un grand couturier fut remisée au placard. Dans les rangs, s'il vous plaît.
J'ai appris également à sourire aux fins mots d'esprit, aux propos cauteleux, aux compliments plus ou moins scabreux. Je ne les prenais pas mal : « Vous avez une bouche voluptueuse », « Mais, bien sûr, monsieur le président ou cher bidule, et vous penserez à signer, s'il vous plaît, le bon de commande ».

Avant Me Too, nous restions stoïques. Follement amusantes, les histoires drôles, celles des blondes, celles des brunes.

La publicité favorisait des trésors de subtilité : « On se lève tous pour Danette ! » Tellement agréable à 25 ans de se faire cueillir en entrant dans une salle de réunion par quatre ou cinq costumes-cravates hilares et brayant : « On se lève tous pour Nadalette ! »

Certaines historiettes grincent encore à mes oreilles. D'autant plus que j'étais la seule femme de ces réunions. Faire partie d'une minorité n'arrangeait rien, alors, je ne peux que me réjouir du poids positif qu'induit la parité désormais.

Bref, nous devenions qui nous étions supposées être

Débutantes en ce monde, nous n'avions pas d'état d'âme à produire un travail de qualité, réclamé, livré à temps, prêt à être endossé et approprié par un supérieur hiérarchique, sanglé uniquement dans ses légitimités et certain de son droit divin.

> J'aurais pu ne pas y aller. Convenons que, comme beaucoup d'entre nous, j'ai fait ce que j'ai pu à ce moment-là. J'ai fait ce dont je me suis sentie capable. J'ai pris en compte mes besoins les plus primaires, les plus basiques. Au fil des ans, avant d'être pleinement moi-même aujourd'hui, j'ai accumulé des expériences, des morceaux de vie, et aussi vécu des petites morts, de ces fameux enfermements dans des boîtes. Des boîtes, des entreprises, mais aussi des cases, celles des fonctions et celles des organigrammes. Je me suis pliée, repliée, mise aux normes, courbée, tordue souvent.

Dans une certaine mesure, je me suis perdue à moi-même

> Ce que je vois, aujourd'hui. Je n'avais pas alors un sens de qui je suis si affirmé et clair. Les armes que j'y ai faites ont contribué à le former. Comme on creuse une forme, avant de la remplir.

Je ne me mens pas non plus sur mon envie farouche d'en découdre et de réussir : un vain mot aujourd'hui, dont l'acception toute matérialiste a eu pour moi tous les attraits. Je voulais immédiatement de l'argent, du luxe, des plaisirs sociaux, des réussites visibles et reconnues. La reconnaissance des autres m'était indispensable. J'avais tellement besoin de nourrir mon ego encore mal en point.

Participer à ce monde un peu vain développe aussi notre regard, nous enseigne les finesses de la vie en groupe, comment avoir de l'influence, comment atteindre son objectif du moment quand on ne détient qu'une autorité théorique, une connaissance parcellaire, quand on doit tout ménager.

Comment gérer les plus puissants.

Comment être aussi sans pitié, parfois, pour faire comme nos maîtres !

Je reconnais, aujourd'hui, des aspects bien antipathiques à celle que j'ai été : j'étais un Terminator[1] en jupons, toujours prête à me relever, ne lâchant pas l'affaire, indestructible, même explosée, acharnée à faire, des heures durant et sans répit, jusqu'à l'extinction de l'obstacle, quel qu'il fût. Acharnée. Imbattable.

1. *Terminator*, film de James Cameron : https://fr.wikipedia.org/wiki/Terminator.

Franchement, il valait mieux ne pas m'avoir comme ennemie : j'allais demeurer charmante et pimpante en apparence, mais capable de plans secrets en « trois bandes » comme au billard, et surtout entêtée et furieusement volontaire jusqu'à l'hallali, le mien ou le leur. En tous cas, mes dossiers avançaient, on me le reconnaissait.

Une femme de l'ombre, une femme dans l'ombre, sacrée guerrière

Écorchée vive, mais rien ne filtre. Et cela a marché de 20 ans à la quarantaine, j'ai été une fusée professionnelle. Je n'ai fait que bosser, me vendant au marché aux esclaves. Je suis entrée dans le travail, en agence ou en entreprise, dans « la communication », cet eldorado des années 1980, comme on entre dans les ordres. Je m'y suis cloîtrée, enfermée. Oui, des enfermements pour m'être pliée à ces choix « dictés ».

Une illusion, une injonction, un rôle, un masque que les autres souvent vous suggèrent ou imposent

C'est ce que je vois clairement avec le recul d'aujourd'hui. Est-ce ce dont vous vous rendez compte pour vous aussi ? Illusion de faire partie, d'être intégrée, injonction à monter toujours plus haut, toujours plus vite, de peur de s'écrabouiller au sol, de crever, d'être exclue – cela nous parle bien évidemment. *Bis repetita*. La porte de ces blessures de l'âme déjà évoquées, de ces premiers coups déjà joués, restait grande ouverte.

> La peur de l'abandon me taraudait toujours en profondeur. Et en ce sens, j'étais ma plus grande ennemie, avec mon désir si fort d'être acceptée et aimée.

Ce rôle qu'on adopte de soi-même, pour plaire, pour être aimé, pour bien faire, pour réussir

On se désincarne. Par mimétisme. Par conformité. Et par confort. À cette époque, la responsable, la chef de projet, la patronne des RP, le bras droit du patron. Aujourd'hui sous un autre vocable. Battre « papa » à son propre jeu, faire comme lui, mais mieux. Nous donner ce qu'on ne nous a jamais donné. Poignarder ceux qui nous ont ignorés ou négligés.

> C'était cela réussir pour moi, c'était réussir contre quelqu'un, et non pas pour moi. Je vous avais prévenu, je suis authentique, je ne me cache pas derrière mon petit doigt, j'étais devenue tout, sauf votre meilleure amie, ou la Madone des causes perdues. Professionnellement bien loin de Mère Teresa. Crainte, parfois respectée.

Le monde extérieur, les dogmes, la société, nos croyances et nos peurs nous fixent ainsi un cadre. Et nous nous y engouffrons. Et faute d'élan personnel, notre intelligence nous conduit d'abord à fonctionner par mimétisme, c'est-à-dire, après observation, à singer les comportements que nous identifions comme dominants, qui nous semblent productifs. Désirés. Miroirs. Désir mimétique [1]. Ce mimétisme, cette acculturation aux identités et caractéristiques des autres nous embarque dans le conformisme le plus absolu, lui seul garant de notre intégration. La conformité va nous permettre de nous fondre sans remous dans le moule, de nous identifier comme adaptés et donc intégrables aisément dans un système le plus souvent dominant. Nous l'adoptons aussi sans état d'âme. Ensuite vient le confort, qu'on dit père de tous les vices et qui nous apaise, nous endort, nous embrume, et bien souvent nous tient dans des rets que nous ne voyons même pas. Et pourtant, on peut difficilement éviter cette étape, doublement instructive : sur soi et sur le fonctionnement du monde.

Ce parcours, ni bon, ni mauvais, n'était juste pas le mien, pas vraiment ma voie : je ne le savais pas encore.

---

1. Désir mimétique, Spinoza. Voir sur ce point René Girard : https://fr.wikipedia.org/wiki/Ren%C3%A9_Girard.

C'est pourquoi l'imposture est un temps acceptable. Pour moi et pour vous

La flagellation *a posteriori* est vaine et inutile, nous ne pouvions savoir, nous n'avons pas eu à la naissance un doigt divin qui nous aurait inculqué la science universelle, la vérité vraie, nous sommes des êtres apprenants, en devenir. Longtemps nous n'avons qu'une vision limitée, au mieux, ou étonnée, au pire, de nous-mêmes. L'instant est enseignant, reconnaissons-lui cette qualité.

> Ma jeune carrière suscitait l'admiration et les beaux jobs que j'exerçais en faisaient rêver plus d'un. J'aurais eu mauvaise grâce à jeter le bébé avec l'eau du bain. J'ai vite compris que je saurais toujours tout faire, notamment semblant, en toutes circonstances. J'avais cette capacité incroyable à m'accrocher jusqu'à preuve du contraire. Même quand cela soufflait fort pour me faire lâcher prise. J'avais l'air de m'éclater, et de fait, j'étais assez satisfaite de moi, de ma hargne et de mes accomplissements. Les regards sur moi étaient plutôt admiratifs. Peu de choses venaient à titiller ma certitude d'avoir raison. Je n'imaginais pas l'univers autrement. Officiellement, j'étais satisfaite.

Et aucun de nos proches ne peut imaginer que nos succès ne nous épanouissent pas complètement. Solitude de la servante.

Sur des fondations factices, s'est bâtie la découverte de mes propres capacités

Quand j'évoquais précédemment le désir mimétique : la fonction crée l'organe.

> Cette panoplie, ce mode de vie, je les ai endossés socialement, professionnellement, émotionnellement, comme une étape absolument nécessaire vers le bonheur. Ce que j'avais pris pour le bonheur et les clés du bonheur. Niveau très basique de la pyramide de Maslow [1]. Pas malheureuse, en apparence.

On est loin du bonheur. Mais on développe sa force et ses talents. Un peu durement, parfois.

Aucun regret, ni remords toutefois, de rien et jamais

Je sais désormais profondément qu'au cours de ces épisodes de vie, où l'on est presque amputé d'une partie de soi, on développe parallèlement, on ensemence, on construit en soi des acquis et une réflexion plus profonde. Qui prendront tout leur

1. Pyramide des besoins de Maslow : https://fr.wikipedia.org/wiki/Pyramide_des_besoins..

« En jouant à faire semblant, comme par une sorte d'effet d'autosuggestion, il nous arrive d'en avoir vraiment l'air, finalement. »

temps pour aboutir à quelque chose d'inattendu pour chacun d'entre nous : ces moments-là sont absolument essentiels dans la découverte de soi. Ils ne doivent pas être empreints d'un dégoût postérieur bien-pensant, d'un rejet cul béni, d'un jugement moral. Ils sont, ils ont été, profondément vitaux, sous la loi de la jungle, dans un cheminement indispensable dans des réalités paradoxales et la mise en perspective de ce qui deviendra essentiel.

À un certain moment, me croyant proche du faîte, et agréée, certifiée conforme, ayant passé, il me semble, le bizutage de base, et reconnue comme un élément clé des équipes, je m'y suis même crue. J'ai cru que j'avais acquis le droit de cité. Erratum. Souvenir très énervant : j'avais 32 ans, douze ans de carrière derrière moi, de bagarres et de succès dans le domaine de la communication, dans un monde léger et mercantile, odieux et fascinant. Je veux reprendre des études, je rêve d'une grande école, d'un master, d'apprendre, d'évoluer, de légitimité et de changer de braquet. Je me rends compte de certaines de mes lacunes éducatives, quelles que soient mon intelligence et mes facultés. J'en ai assez de me faire rabaisser. Le syndrome de l'imposteur me taraude. Solution MBA [1] pour régler le problème. Des tests à passer. Des maths, pas facile. Un anglais que je maîtrise parfaitement. Une rédaction sans souci. Un entretien. Je me crois autorisée à m'exprimer clairement, mes preuves ayant été faites. Je souhaite ne plus être asservie et utilisée à discrétion. Je me sais compétente, je m'en réclame. Je le dis. Froid.

1. Master of Business Administration.

Ma revendication de parité déplaît et je suis vite congédiée par le jury de trois anciens élèves, gonflés à la testostérone. Trois jeunes coqs dressés sur leurs ergots. Pourtant, m'adapter aux codes virils des entreprises, j'ai su faire, cela fait plus de dix ans que je passe sous leurs fourches caudines, mais quand il s'agit d'intégrer officiellement le clan, la meute est autrement sélective avec ses soldates. Fin de l'histoire !

Nous sommes en travaux, en construction, en permanence dans un cheminement

Il faudra encore du temps pour prendre mieux conscience de ce qui va, mais aussi de ce que j'ai sacrifié de moi. De mes inconforts. Cela va prendre vingt ans de plus, l'efficacité me colle tellement à la peau.

« On naît par tâtonnements,
par itérations successives,
par essais, par échecs,
par frustrations, par manques,
par trop-pleins, par petits vides,
par des riens qui s'infiltrent
au plus profond de nous et vont
laisser une trace curieusement
fertile et infectieuse au final.
On naît rarement à soi
du jour au lendemain. »

Les cailloux blancs

- La révolution est toujours possible, mais pas forcément adaptée et adoptable ; les choix « dictés » nous sont plus utiles, un moment.

- Comme beaucoup d'entre nous, j'ai fait ce que j'ai pu à ce moment-là.

- Illusion de faire partie, d'être intégrée, injonction à monter toujours plus haut, toujours plus vite, de peur de s'écrabouiller au sol, de crever, d'être exclue.

- Dans ces épisodes de vie, où l'on est presque amputé d'une partie de soi, on développe parallèlement, on ensemence, on construit en soi des acquis et une réflexion plus profonde qui prendront tout leur temps pour aboutir à quelque chose d'inattendu.

- On naît par tâtonnements, par itérations successives, par essais, par échecs, par frustrations, par manques, par trop-pleins, par petits vides, par des riens qui s'infiltrent au plus profond de nous et vont laisser une trace curieusement fertile et infectieuse au final.

3

NOTRE EXISTENCE EST UNE LONGUE SUCCESSION D'ÉBAUCHES

Il y a nos croyances et nos peurs qui accompagnent nos choix, même ceux induits. Nous ne choisissons jamais en toute objectivité, la subjectivité est notre dame de compagnie. Tout ce que nous réalisons, nous le réalisons avec cette part intime et personnelle, qui, selon les niveaux de chacun, se nomme goût, tendance, croyance, valeurs, mais aussi ego et peurs.

Commençons par les croyances, assez *girly*, de ma génération, mais qui n'en sont pas moins universelles. Tout en étant un « Terminator » en jupons, j'avais quand même un cœur, sauf que j'avais l'affection sélective et le cœur en bandoulière.

Même quand nous ne croyons pas viscéralement en l'amour, nous sommes souvent tous à la merci du moindre signe d'intérêt.

On ne naît pas vraiment garce, la plupart du temps, on le devient

Il y a nos rêves. Et certains rêves toujours déçus. Moi, je rêvais initialement d'une grande fratrie, d'une grande famille, d'un clan. Je ne les ai quasiment jamais trouvés.

Il y a nos peurs. Familières, ambiguës, cachées les unes derrière les autres comme des poupées gigognes. Elles nous recroquevillent sur nous-mêmes, nous sommes prêts à nous rendre à la peur la moins terrifiante pour échapper à une autre.

Ainsi, le mari dont me menaçait mon milieu familial, je me plaisais, jeune femme, à certains moments, à l'imaginer pas si déplaisant, plein de bonne volonté, aimant. Ceux que j'ai pu rencontrer, à ce stade de ma vie, n'ont même pas correspondu à cette espérance secrète, ils étaient le plus souvent d'un ennui à mourir, parfois rigido-pédants, et au pire, des graines de tyrans. Et quand ils eurent du charme – et certains en eurent –, il ne dura pas. Et ils s'évanouirent de ma vie, de mon fait, en partie. Aussi parce qu'ils étaient également encombrés de leurs propres fidélités, par des parcours, des étapes à franchir, dont je n'ai pas pu, su ou voulu faire partie. J'avais suffisamment à faire pour me sauver moi-même.

Comme quoi, une carrière peut tenir, parfois, au manque de chance dans sa vie amoureuse. J'ai vécu aussi d'autres rencontres, de belles histoires que je n'ai pas su protéger et faire évoluer, trop engluée dans mes propres contradictions.

Croire au prince charmant, ce fut mon lot comme celui de beaucoup

> Le père idéal, l'amant magnifique, le mari parfait – beau et richissime –, le patron généreux, le mentor, les « Ken[1] » ont longuement trotté dans ma tête : un modèle invasif.
> Je perpétuais ainsi mon père et son lot de contradictions et de déceptions. À la recherche éperdue du prince charmant[2]. Cette première croyance, difficile à lâcher, a servi de mesure, j'allais dire d'étalon, aux rencontres diverses. Cela devient indélébile comme prisme déformant et si difficile à effacer.

Il faut s'affranchir d'Œdipe[3], les filles, le plus vite possible ! Papa n'est pas l'homme de ma vie, de nos vies. Heureusement.

Et le prince ne viendra peut-être jamais, ou se transformera en crapaud[4]. Ou s'il débarque, toute cape dehors, serons-nous capables de le reconnaître ? Et qu'est-ce être prince ou charmant ?

1. Ken et Barbie, figurines de Mattel pour les enfants : https://fr.wikipedia.org/wiki/Ken_(poup%C3%A9e).
2. https://fr.wikipedia.org/wiki/Prince_charmant.
3. Complexe d'Œdipe, concept central de la psychanalyse : https://fr.wikipedia.org/wiki/Complexe_d%27%C5%92dipe.
4. « Le Roi Grenouille », conte de Grimm : https://fr.wikipedia.org/wiki/Le_Roi_Grenouille_ou_Henri_de_Fer, et en PNL les ouvrages de Grinder et Bandler.

« Le prince
n'est par ailleurs pas
plus charmant
que la princesse
n'est parfaite,
ou une grenouille
doublée
d'une idiote. »

La baguette magique, aussi, on oublie

Croyance : au mieux les choses se font, en temps, et c'est sympa. Mais penser gagner au Loto, ce n'est pas le projet de vie le plus abouti. Enfin, vous avez un peu regardé ce qu'ils sont devenus les gagnants du Loto ? Remettons les choses en perspective : il faut un minimum d'effort pour créer quoi que ce soit.

Notamment pour dessiner sa vie : il faut vivre, juste vivre, mais en se réjouissant de ce qui est au moment où cela est et en la construisant aussi bien qu'il nous est possible.

Vivre un conte de fées, allez, je ricane aussi. D'ailleurs depuis Bruno [1], nous sommes un peu retombés sur nos pattes sur l'exemplarité des légendes : encore une croyance sérieusement plombée. L'herbe est toujours plus verte ailleurs.

Les papiers glacés des magazines et les photos retouchées des réseaux sociaux n'ont de commun avec l'Existence, c'est-à-dire une vie intelligente – au sens étymologique du terme *intelligere*, qui signifie « comprendre » –, que le rapport qu'il y a entre ces plats en plastique en devanture de certains restaurants et le clafoutis de ma grand-mère – plein d'amour et de sagesse, de fruits frais aussi, de noyaux pour les cerises, pas terrible d'apparence, mais divin et addictif.

Et les fées, parlons-en aussi : totalement survendues. Qui a vraiment interviewé une fée sur ce qu'elle pensait réellement de sa vie ? Comment c'était de se peler les pieds dans la forêt de Brocéliande [2], toute de lianes vêtue, l'aile tremblante pour

1. Bruno Bettelheim, *Psychanalyse des contes de fées* : https://fr.wikipedia.org/wiki/Psychanalyse_des_contes_de_f%C3%A9es.

2. Forêt magique de Brocéliande : https://broceliande.guide/La-foret-de-Broceliande.

l'éternité ? C'est comme les immortels dans les films de super-héros, ils doivent rêver en vrai d'un petit déjeuner au lit, sans mission, ni arrivée intempestive de zombie, sous une couette même pas repassée. Bref, tout cela pour dire que le flambant et le miraculeux, je m'en méfie comme de la peste, bien que j'aie mis du temps à ne plus tomber dans leurs filets. Comme vous probablement.

Donc pas de fée, pas de baguette, mais la vie.

La vie est constituée de bons moments, et de moins bons moments

On vit de fabuleux moments, dans nos vies, avec des gens que nous aimons. Indépendamment de tout contexte. Même quand on se cherche comme une aiguille dans une botte de foin. C'est une certitude. Aimer, ce n'est pas interdit, même quand l'ambition est son seul moteur. On peut s'initier à aimer, quand on n'est pas encore capable de s'aimer soi-même et de se respecter. Il y a des moments bénis qui font augurer d'autre chose. Qui font que le reste vaut d'être subi.

> Ces bons moments, même dans mes périodes crash test, ont tenu à des liens, à des sensations, à un souffle d'air, une immanence. Ils m'ont nourrie quand je n'étais pas « finie », dans ma version bêta.
> D'ailleurs, est-on jamais « fini » ?

Nous vivons tous des parenthèses, des bulles douces, même à nos moments les moins aimables.
Une belle amitié d'adolescence, une fraternité.
Une forêt à l'aube, un matin.
Pleurer en écoutant Barbara.
Aimer pour la première véritable fois et être aimé.
Comprendre l'immensité d'être femme en rencontrant Simone Veil.
Découvrir une ville, une île.
Naviguer à la voile.
Rester au côté d'un ami mourant et lui tenir la main.
Offrir des fleurs à une amie chérie.
Proposer un lit, un toit.
Mettre en lien et faire se rencontrer.
Encourager et donner une chance sans rien attendre en retour.
Ce parfum d'encens dans une cathédrale.
Le voir rentrer dans un restaurant le premier soir.
Un chant partagé.
Oui, même un « Terminator » s'éveille aussi à une autre partie de lui-même.

Dans ces périodes où nous sommes, pour bonne partie, étrangers à nous-mêmes, nous vivons tous ces moments de grâce ineffable qui nous insufflent l'horizon d'autre chose et nous permettent de demeurer vivants et humains. Nous sommes en travaux, en construction, en permanence dans un cheminement. Nos existences sont une longue succession d'ébauches.

L'important, c'est le voyage, le cheminement qui se fait étape par étape

Des étapes parfois obscures, et aucunement linéaires : franchement, je me suis demandé à maintes reprises qui avait pu construire pour moi un scénario aussi brinquebalant, où était le fil directeur.

Et cerise sur le gâteau, selon un plan qui n'est pas véritablement le nôtre : des illusions nous bercent et des désillusions nous attendent. Nous ne savons jamais ce qui nous attend à l'arrivée. Et ce n'est guère étonnant avec un peu de recul. L'*escape game* de nos années de jeunes adultes se passe ou s'est passé dans un monde un peu factice qui n'a eu ou n'aura, au mieux, que le goût du succès, mais à condition que nous mettions de côté et nos rêves, et notre intégrité. La plupart d'entre nous se sont résignés à ce sacrifice.

Notre intégrité n'a pas encore développé les muscles suffisants pour tenir tête au monde entier

Et nos rêves sont entachés de tant de doutes et de peurs, ils peinent à imprimer nos vies, ils ne savent pas que rien n'est certain, mais tout est possible. Et intégrité et rêves ne tiennent pas le choc face à l'appel de la sécurité et du mimétisme.

« En fait, la plupart d'entre
nous entament leur chemin avec
un GPS pourri. Sans en connaître
la cartographie générale,
ou les séquences de l'itinéraire,
et encore moins le lieu et l'heure
d'arrivée : terra incognita. »

Plus fort qu'eux est le besoin d'être aimé, accueilli, intégré. Cela n'a pas que des inconvénients.

Nous vivons des aventures et des existences parfois vaines, mais aussi parfois délicieuses. Légères parfois, jouissives à d'autres moments, ces aventures ne prêtent pas toujours à conséquence, nul besoin de dramatiser ou de nous mettre de la cendre sur la tête.

> Oui, j'ai rencontré des gens peu exquis, vécu des situations difficiles, mais j'ai aussi rencontré des gens formidables et vécu des moments sans pathos, ni prise de tête. J'ai aimé aussi m'occuper de produits futiles ou luxueux, avec des budgets confortables, découvrir le monde de l'entreprise et les entreprises à travers le monde. Je me suis amusée à conseiller gravement des gens qui avaient le double de mon âge, j'ai apprécié le miroir aux alouettes du festival de Cannes.
> Par contre, il était vital qu'un jour je puisse me retrouver, intègre et avec mes rêves.

La carte invisible de la vie, le plan secret, c'est de nous réconcilier avec nous-mêmes

Nous le découvrons en chemin. Cela, c'est le plus beau secret non révélé qui sera dévoilé le jour où nous saurons enfin, où nous aurons enfin appris à ne pas confondre bonheur et succès : quand Être aura primé sur Avoir.

Je ne crois pas en une justice sévère et divine, triant l'humain selon ses œuvres. Je ne crois pas en une nature intrinsèquement mauvaise ou initialement bonne. Je me crois, je nous crois en devenir. Et c'est fascinant alors de vivre.

Je ne crois pas au bien et au mal, comme vertus cardinales, bien qu'ils existent sans nul doute. Qu'on nous lâche avec les jugements de valeur, on vit ce qu'on peut vivre, et il est stérile et vain de se flageller en plus.

Un jour, notre ciel va s'éclaircir, on apercevra autre chose, on ne sait trop quand

Avant ce jour-là, vivre consiste à expérimenter une immense boîte à outils, qui nous est parfois bénéfique, qui nous sera aussi utile un jour. Une alliée dans notre recherche de sens, dans nos tentatives et nos incidents de parcours. Avec ces aides, approcher nos peurs, autrement, sans les juger. Quand nous sommes prêts, reconnaître nos peurs, les identifier, les ressentir, les remercier et décider de les dépasser si nous le souhaitons. Ou de les dompter doucement.

Alors ma peur d'être abandonnée, blessée, rejetée, je l'ai d'abord calmée en la nourrissant de ce qui pouvait l'endormir et l'apaiser. Futilement et névrotiquement.

Ne maltraitez pas vos peurs

> Il faut les apprivoiser pour passer à autre chose. Tout en panique que nous étions, ma peur et moi. Je lui ai raconté des carabistouilles, je l'ai bercée en me protégeant, parfois trop docile, parfois trop violente. Un jour, je lui ai ouvert les volets pour qu'elle s'habitue à la lumière, qu'elle commence à voir l'horizon et qu'elle commence à imaginer ce qu'elle n'avait pas cru possible. Je ne l'ai jamais traitée de folle, je l'ai toujours, peut-être trop, écoutée. Je lui ai laissé le temps de mûrir. Réussir socialement a apaisé une bonne part de mon insécurité fondamentale. Parfait plan de base pour la guérison.

Personne ne peut juger de nos peurs. Elles ne sont pas mesurables, ni raisonnables. Le bon moment pour lâcher nos peurs, nul autre que nous-mêmes ne peut en décider. C'est avec nos peurs et par elles que nous comprenons que nous n'avons plus besoin d'écouter les autres.

Ce que nous voulons vraiment, nous le pouvons. Et je ne prétends pas que ce soit immédiat ni que cela coule de source. Cela mérite quelques explications et a demandé quelques ajustements supplémentaires. Pour sortir du moule, devenir davantage qu'un sujet de consommation courante, passer les seuils, et unifier les parts de nous-mêmes, pas forcément comme nous nous l'étions imaginé. Simplement soi, en unicité.

Les cailloux blancs

- Cette part intime et personnelle, qui, selon les niveaux de chacun, se nomme goût, tendance, croyance, valeurs, mais aussi ego et peurs.

- Il faut s'affranchir d'Œdipe, les filles, le plus vite possible !

- Le prince ne viendra pas, ou n'est peut-être pas charmant.

- Il faut un minimum d'efforts pour créer quoi que ce soit.

- Il y a des moments bénis qui font augurer d'autre chose.

- Nos existences sont une longue succession d'ébauches.

- La plupart d'entre nous entament leur chemin avec un GPS pourri.

- Qu'on nous lâche avec les jugements de valeur, on vit ce qu'on peut vivre, et il est stérile et vain de se flageller en plus.

- Personne ne peut juger de nos peurs.

- Quand nous sommes prêts, reconnaître nos peurs et décider de les dépasser si nous le souhaitons.

- Ce que je veux vraiment, je le peux.

4

LES PARADOXES DU CHEMIN VERS SOI

C'est bien joli la vraie vie, mais être pleinement soi-même n'est pas toujours inné. Tout comme la grande cuisine : avant de posséder ce souffle de génie qui caractérise un chef étoilé, à la fois intime des aliments et fin connaisseur des recettes traditionnelles, et enfin détaché de tout ukase [1], le cuisinier aura raté bien des sauces. Et ce n'est qu'ultérieurement qu'il saura distiller un arôme rare et développer un goût unique.

Nos illusions sont une version moderne du « palais des Vents »

> Ce palais fantôme [2] de Jaipur dont le rideau de moucharabieh [3] permettait aux épouses du maharadjah de regarder sans être aperçues, non pas confortablement recluses dans leur zénana [4], mais installées sur une sorte d'échafaudage de façade, évidé à l'intérieur, destiné à leur permettre juste de visionner la parade des éléphants. Je fus fascinée, en 1988, lors de mon voyage au nord de l'Inde par son aspect abandonné et en même temps habité des songes qui s'en

1. Édit du tsar : https://fr.wikipedia.org/wiki/Ukase.
2. Palais des Vents de Jaipur : https://fr.wikipedia.org/wiki/Palais_des_vents.
3. Cloison ajourée : https://fr.wikipedia.org/wiki/Moucharabieh.
4. Appartement des femmes : https://www.cnrtl.fr/definition/z%C3%A9nana.

« La vie est également
un processus créatif, itératif.
Avec des esquisses, des brouillons,
des "à la manière de",
dans les "palais des illusions"
que sont, un temps donné,
nos existences. »

échappaient, des bruits qui en suintaient et tout ce qu'il représentait de désirs inachevés, de possibilités imaginaires et de fascinations mutuelles. L'extérieur donnait l'aubade à ces reines et imaginait leur beauté et leur faste de vie. Ces femmes, elles, regardaient, éperdues et entassées, des bribes d'une vie qu'elles ne connaîtraient pas ou plus. Elles étaient ainsi homéopathiquement exposées à la vie. Chacun rêvait au monde de l'autre, aucun des deux mondes n'était véritablement ce qu'il était censé être.
À Jaipur, les histoires sont réputées trompeuses et la magie est traîtresse.

Ce monument est une métaphore de nos expériences : elles sont, elles aussi, volatiles et intenses, authentiques et antinomiques. Nous passons tous par des périodes où la réalité est multiforme et difficile à cerner. Nous avons tous un peu de la peine à nous y retrouver, à nous retrouver.

Nos « palais des Illusions » sont définis par les repères illusoires et aimables de nos jugements obscurcis

Des palais d'une créativité immense, défiant l'imagination. Certains construits sur du sable et prêts à s'effriter à la moindre bourrasque, mais d'autres aussi qui sont des rocailles, si solides, si cimentées, si tourmentées que rien ne paraît pouvoir les faire vaciller. Pleins et vides à la fois. Remplis de désirs et absents à notre être profond. Parfois, ces palais sont un voile que nous posons sur nos yeux pour ignorer certaines choses trop brûlantes encore, d'autres fois, ils sont un labyrinthe qui garde aussi nos secrets. Des illusions dans lesquelles nous pourrons tomber, et dont nous risquons aussi d'être les victimes.

Pourquoi nous tromper ainsi, défendre le factice, l'illusion, un fantasme ? Si ce n'est une alchimie qui nous dépasse dans ce nouveau jeu.

Nous n'en reconnaîtrons les véritables leçons que bien plus tard.

Se répare ainsi mystérieusement quelque chose en nous d'enfantin et de profondément blessé

Comme dans un jeu vidéo, les illusions, nous nous en servons pour cautériser nos blessures, laisser à nos plaies le temps de se réparer, expérimenter ce que nous n'avons pas connu, nous exercer. Nous irons jusqu'à, comme un démiurge, mettre en scène, sans les comprendre, de multiples expériences, espérant ainsi délivrer notre existence d'imperfections ou de cassures qui la menacent.

Nous décidons aussi d'habiller ce qui nous dérange, de masquer ce qui est laid ou inélégant, et surtout de faire le show, d'exposer une image travaillée, repixellisée, solarisée de notre vécu et de nous-mêmes : notre vie, façon roman-photo. Nos illusions nous serviront d'armure jusqu'au jour où elles perdront toute raison d'être.

« Tous ces palais sont
nos créations destinées
à préserver certains de nos vécus
contre l'implacable éclairage
de certaines vérités dont le temps
n'est pas venu. Ils sont
nos garde-fous, nos œillères,
le nid de nos chimères. »

Nous jouons au poker un peu menteur, comme nous le pouvons. Nous sommes convaincus d'échapper au pire, en nous habillant dans de nouveaux habits, en adoptant notre nouveau moi. C'est vrai quelque temps, notre souplesse d'adaptation ne nous veut que du bien au départ. Ce faux moi, ce caméléon va nous illusionner, et le monde avec ! Un personnage nouveau pour nous faire accéder à des schémas autrement interdits. La chimère [1] que nous devenons va d'abord donner le change : me concernant, la fille libre, libérée, indépendante financièrement, en apparence. Une image idéalisée que nous n'incarnons pas complètement, mais qui nous enveloppe dans un cocon, dans une bulle de conformité et de confort, toujours, mais aussi d'expérimentations contrôlées.

Ces personnages, nos personnages sont amusants, séduisants, en forme, adaptés, nous passerons de bons moments dans ces rôles, à notre école de la vie, avec son spectacle de prestidigitation. Nous aurons l'occasion d'endosser diverses panoplies, de travailler plusieurs registres, d'habiter des rôles divers, d'expérimenter des voix, de nous confronter à d'autres partenaires, de construire des ressentis, d'accumuler tout un éventail de façons d'être.

Nous sommes multiples.

La plupart de ces travestissements font partie de notre chemin de vie et nous enrichiront d'expériences. C'est pourquoi je demeure convaincue qu'il n'y a jamais rien à regretter.

Nous confortons ainsi des capacités que nous nous ignorions : résilience – le grand mot –, ténacité, productivité,

1. Bête fantastique composite : https://fr.wikipedia.org/wiki/Chimère.

« Ainsi,
j'ai longtemps
confondu force
et vitesse d'exécution
avec ma puissance
véritable. »

créativité, stratégie, amour du travail parfait, engagement et parole respectés, sens du pouvoir, habileté à le manipuler.

La faculté d'initier et d'entreprendre aussi, ce qui est nouveau, innovant, porteur.

> J'ai découvert des goûts que j'ignorais : pour le verbe, la différence, la compréhension du monde et des autres, mais aussi des talents que je ne croyais pas avoir : rassurer, donner, offrir, permettre, mettre en musique, œuvrer, produire. À cette époque et à beaucoup de mes proches, je me suis survendue. Ils m'ont aimée libre, libérée, hyperactive, multitâche, indépendante, sociale jusqu'au bout des ongles, en prise 24 h/24, capable de déplacer des montagnes, dévoreuse de la vie. Une vision tronquée et partielle : cette Wonder Woman [1], cette madame Parfaite que j'ai, avec tant d'amour, dénoncée publiquement sur la scène du TEDx au théâtre Mogador en 2018. Celle qui semblait ne jamais avoir peur, parce qu'elle avait affronté des démons et des drames familiaux autrement plus toxiques que les guerres intestines des grandes organisations et entreprises. Celle qui n'était douce ni avec elle, ni avec les autres.

1. Super-héroïne : https://fr.wikipedia.org/wiki/Wonder_Woman.

« Nos
contradictions font
partie de la vie.
Les antagonismes
sont nos professeurs
pour voguer
vers l'unité
des contraires. »

Comme une chimère, constituée de mon humanité et de parts qui n'étaient pas miennes, j'ai trompé mon monde avec talent

Tant qu'à rentrer dans le rang, autant y trouver des avantages. Une fois qu'on se lance, autant que cela marche avec succès. Quelques recettes pratiquées par tous les Rastignac [1] en jupons ou en costume : appelons cela l'entrisme, ce noyautage subtil et discret d'une organisation, cette façon d'y loger nos besoins, cette manière de s'y creuser un espace de liberté et d'autonomie que la plus coercitive ou structurée des organisations ne saura le plus souvent jamais déceler, et encore moins contrer. L'esprit commando – blitz attaque et tenue camouflage – préside à cette action. Ne jamais s'opposer frontalement, trop dangereux. Prendre le vent, la vague et surfer avec. Et bénéfice caché, cela nous permet de nous développer, de grandir et de subvenir à nos besoins le temps où cela nous est indispensable. On fait en sorte d'être admis. Là, nous nous assurons, avec des prises solides et un territoire rassurant, de phagocyter le système.

1. Eugène de Rastignac, personnage de Balzac symbolisant l'arrivisme : https://fr.wikipedia.org/wiki/Eug%C3%A8ne_de_Rastignac.

Quand on se fige dans un rôle, il devient alors notre geôlier

Parce que nous nous confondons avec le personnage, parce que nous devenons dupes de l'illusion, parce qu'à force de mentir, nous sommes perdus. Nous devenons agressifs : lâchant la guérilla gentille et ludique pour une guerre plus froide, un territoire revendiqué, une chasse gardée, un enfermement toxique à nouveau. Nous nous enkystons dans le personnage. Nous nous y attachons, nous devenons dépendants de ses aises et de ses caresses. Nous nous y complaisons : on croit se plaire, on ne veut plus lâcher l'affaire. On se confond dans le personnage, on plonge en lui. L'illusion nous dupe. Nous la prenons désormais pour la réalité la plus absolue. Sans recul, on s'y perd, amputé de tout bon sens et de son élan vital.

C'est un énorme danger. Certains d'entre nous y sont restés. Mais y a-t-il une autre option de rencontrer le divin que d'avoir vécu la chute ?

Vous qui me lisez, comme moi, nous avons eu la chance d'ouvrir nos yeux à temps, ou d'avoir en nous une balise de survie qui nous a protégés d'être captifs et dévorés. Une fois le module d'apprentissage fini, nous nous sommes éjectés, ou la vie nous a propulsés ailleurs.

« L'illusion va devenir
prison et nous aveugler.
Nous ne voyons plus,
nous n'écoutons plus,
nous risquons de devenir
des marionnettes d'un monde
à la Gepetto[1]. »

1. Père de Pinocchio, pantin : https://fr.wikipedia.org/wiki/Les_Aventures_de_Pinocchio.

Passant parfois toute notre vie dans un monde de pouvoir, fait de règles et de faux-semblants

Y œuvrant et résistant. Les organisations apprécient notre côté efficace et fiable. Nous pouvons même en être des piliers. D'excellents mercenaires.

Jusqu'à ce que la vie, le destin ou autre chose contribuent éventuellement à nous exfiltrer et nous ramènent au centre de nous-mêmes, pleinement, à notre véritable place.

Notre salut vient souvent de nos originalités : être marginal, marginalisé par nature, trop arborescent, pas assez linéaire, trop littéraire, pas assez convenu et concis. Pas assez adaptable, pas si soumis, peu à l'aise dans le troupeau (soit dit sans jugement).

> Une de mes chances, bien avant qu'il soit commun comme aujourd'hui, est d'avoir pu dès le début de l'an 2000 pratiquer le télétravail, qui me permit de préserver une part de moi-même, de commencer seule avec moi une investigation introspective et profonde et de m'évader des contingences obligées. J'usinais, mais j'avais des plages de liberté surveillée pour philosopher avec moi-même.
>
> Parfois, aussi, on me faisait ce reproche : « vous n'êtes pas dans le schéma directeur », j'en étais secrètement ravie, quelles qu'en soient les conséquences. Cela me rassurait. Il y avait de l'espoir.

« Ce qui nous sauve,
c'est notre sens critique,
notre soif de changement,
notre besoin de faire autrement,
notre incapacité, il faut bien
le dire, à suivre éternellement
les règles, les formats,
les filières et les modèles. »

Nous servons, certes, un moment, mais l'important est de n'avoir pas été asservis

Alors, toujours en mode de survie, j'ai été nourrie par l'accumulation de ces expériences chimériques qui sont aussi, à leurs façons, nourricières. Je me persuade chaque jour davantage que je dois être quelqu'un, avoir un rôle, être un personnage aux ombres dissimulées. Notre identité se révèle excessivement tributaire du regard que portent les autres sur nous. Quitte à y perdre mon âme, ma flamme, devenir un mort-vivant, une morte-vivante, un zombie ! Je suis une femme d'affaires, une baby-boomeuse, une femme libérée, une femme libre, tant de rôles et leurs contraires. On est toujours Rastignac, certes, mais on sait aussi qu'on est incompris, qu'on laisse des plumes de notre âme.
J'en prends conscience : en découvrant *Les mots sont des fenêtres (ou bien ce sont des murs)*, de Marshall Rosenberg [1], l'apôtre de la communication non violente, ouvrage de référence qui me passionne.

Les mots de Marshall font écho en moi :

« Lorsque vous voulez que les gens soient des "gentilles personnes mortes" et qu'ils fassent ce que l'autorité

1. Sociologue et auteur de la Communication Nonviolente : https://fr.wikipedia.org/wiki/Marshall_Rosenberg.

> dit, la dernière chose dont vous voulez qu'ils soient conscients, c'est la vie en eux. Vous ne pouvez pas faire un bon esclave de quelqu'un qui est pleinement vivant. La dernière chose que vous voulez enseigner aux gens, si vous voulez une structure de domination, c'est qu'ils soient en contact avec leurs besoins. »

Je peux en témoigner. Ces paroles m'ont travaillée, même si je ne voyais pas d'issue à cet état familier.
Mon identité était déterminée par le regard exigeant que je portais sur moi-même. Je ne voulais pas quitter le podium, je ne voulais pas assumer les pertes qu'un autre choix d'être entraînerait. Échouer, c'était de ne pas me sentir véritablement vivante, de ne pouvoir être ni partout, ni nulle part. Peur encore et toujours.

Les structures de domination sont familières : nous percevons tous aisément combien nous sommes formatés pour nous y soumettre. Quoi que nous fassions, nos peurs continuent à nous tarauder : totalement réussir, se surpasser, c'est se perdre, être infidèle à soi-même pour partie. Peur omniprésente du regard de l'autre, toujours.

Le bénéfice à faire partie d'un système extérieur peut pourtant devenir de plus en plus ténu, incertain, douloureux. Le rôle de servant, nous l'avons certes endossé sans état d'âme, nous avons le sens du service. Mais fondamentalement rebelles et étrangers à la norme, nous ne saurions rester esclaves de ces règles quand, enfin, elles ne nous conviendront plus pleinement.

« J'étais encore,
comme beaucoup d'entre vous,
pétrifiée par la peur d'être
seule, rejetée, abandonnée, de
disparaître, "disparêtre", mourir
encore – symboliquement –
dans la vie sociale. »

Le carcan, mal nécessaire à un moment, nous laisse désormais un goût amer en bouche

Ce carcan que nous nous sommes imposé a trouvé sa légitimité dans notre certitude qu'il était un mal salutaire, qu'il allait nous réparer, nous réparer en émerveillant les autres. Il va guérir un manque qui nous taraude. Ce besoin d'émerveiller les autres qui nous tient tellement au cœur et au corps, peut-être.

C'est un état nécessaire à notre éveil qui nous fait nous frotter à une partie du monde, étrangère autrement. Le carcan commence à nous gêner vraiment aux entournures. Un poil trop étroit. Car nous sommes tout et son contraire, je suis une et plurielle.

Nous y rencontrons des zones d'ombre, les nôtres et celle des autres. Nos ombres, nous n'étions peut-être pas encore prêts à nous y confronter.

Pourtant, il va le falloir : comment voir et reconnaître un jour la lumière sans avoir expérimenté l'ombre, comment être libre sans avoir senti le joug, comment être soi sans avoir rencontré les autres ?

Dans nos vies personnelles, nous avons le goût des autres. Nous aimons leur plaire. Certains d'entre nous adorent tout ce qui peut enchanter le monde de l'autre. Lui organiser un univers, trouver des solutions, répondre à ses questions, initier des rencontres, concevoir des soirées. Des rôles encore : sauveuse, animatrice, brancheuse, agent de liaison, G.O. de la vie. Là encore, prudence, pour ne pas osciller entre le complexe

« C'est aussi une étape
paradoxale du chemin
vers la liberté, d'expérimenter
nos propres entraves,
nos conditionnements.
Expérimenter le confort
d'un carcan le temps
nécessaire pour y trouver,
alors, aussi du bon. »

de Cendrillon [1], qui s'oublie et se sacrifie totalement au profit d'autres, ou celui de l'épouse, la mère, l'amie sacrificielle (barrer les mentions inutiles et compléter à loisir).

Nous dévouer, mais à notre manière. Reprendre en donnant. Ce que la vie ne nous a pas permis de recevoir pour nous-mêmes, ce qui nous a manqué, ce qui nous semble essentiel et dont nous n'avons pas bénéficié, notre victoire est d'en faire bénéficier les autres. Certes, c'est une autre façon de laminer les systèmes existants et de changer les règles du jeu. L'intention est louable, mais sa réalisation obscurcie. Si c'est une revanche, elle est entachée de toxicité.

Dans le rôle de l'aimant sacrificiel, nous sommes aussi efficaces que dans nos entreprises. Nos amis sont gâtés, nos amours sont entourés, nous cherchons leur plaisir, leur désir et leur satisfaction. Ceux que nous aimons, il est essentiel pour nous qu'aucune ombre ne trouble leur bonheur. On donnerait notre foie à dévorer pour eux, ils n'en espéraient peut-être pas autant.

Acharnés également à défendre notre nid, de tout, de tous, de nous

Pour nos proches, nous contrôlons aussi nos forces, nos besoins que nous n'exprimons peu ou pas, nous corsetons notre univers, nous étouffons nos désirs. Rien ne doit les déranger. Aucune réalité ne doit entacher le cocon de ouate que nous

1. Besoin d'être prise en charge par autrui : https://fr.wikipedia.org/wiki/Complexe_de_Cendrillon.

« Un goût, somme toute,
égoïste des autres : l'altruisme
égoïste. Car au fond,
ce qui nous branche alors,
c'est d'avoir le pouvoir de donner
et faire vivre aux autres
ce dont nous avons été privés.
Nous nous y oublions pour
des raisons et selon des critères
qui n'appartiennent qu'à nous,
notre sacrifice n'est finalement
qu'un tribut à notre ego. »

tissons autour de nos aimés, croyant ainsi bien faire, les servir, les sauver, les épanouir. Non seulement nous réduisons ainsi au silence une grande partie de nous-mêmes, mais également, nous empiétons indûment sur la réalité, les ressentis de ces proches en les enfermant à leur tour dans notre « palais des illusions ». Ceux que nous aimons, nous leur interdisons de grandir et d'évoluer dans un monde réel, parfois frustrant, que nous savons et jugeons imparfait. Les préserver au détriment de leur capacité à expérimenter et faire leurs propres découvertes et choix. Les sauver est encore une autre façon de cajoler notre peur de ne pas être aimés. En leur épargnant le manque, nous ne leur offrons pas non plus la chance de nous connaître vraiment, de partager nos difficultés et de nous aimer pour qui nous sommes véritablement. Qui nous sommes avec authenticité. Nous sommes perdus à eux. Et un jour, nous nous en voudrons et nous leur en voudrons de ce jeu de dupes.

Étape parfois nécessaire, donc. Sachons-lui gré de ce qu'elle a permis, mais ne nous y enkystons pas plus qu'il n'est utile, dans ces terrains ô combien instables et dangereux.

Il est urgent de rejoindre la rive ferme de « Je suis ».

Les cailloux blancs

- Nous passons tous par des périodes où la réalité est multiforme et difficile à cerner.

- Tous ces palais sont nos créations, destinés à préserver certains de nos vécus contre l'implacable éclairage de certaines vérités dont le temps n'est pas venu.

- Les illusions, nous nous en servons pour cautériser nos blessures, laisser à nos plaies le temps de se réparer, expérimenter ce que nous n'avons pas connu, nous exercer.

- Nos illusions nous serviront d'armure jusqu'au jour où elles perdront toute raison d'être.

- Tant qu'à jouer autant bien jouer, jouer les premiers rôles, les personnages phares dans le scénario d'époque.

- Tant qu'à rentrer dans le rang, autant y trouver des avantages.

- C'est une étape nécessaire à notre éveil qui nous a fait nous frotter à une partie du monde, étrangère autrement.

- Nous y rencontrons des zones d'ombre, les nôtres et celle des autres.

5

ON EN CRÈVE, J'EN AI CREVÉ

Crever, c'est cela dont il s'agit : quand nous nous laissons impressionner, envahir par la vision apocalyptique d'un corps qui nous est précieux, et qui se délite, se défait, se décompose. Le nôtre. Un renvoi cruel à un destin animal, primal, bestial. Crever, c'est d'abord basique.

> C'est ce que j'ai expérimenté en 2014, longuement en réa, intubée et branchée de toutes parts, immobilisée à la suite des deux opérations successives de mon arthrodèse. C'est aussi avec cette menace qu'avait débuté ma vie. Ce sont des sensations quasi familières, un état d'esprit détaché, une dissociation corps et âme. C'est aussi crever de peur, de chagrin, de solitude.

Crever, une menace sourde et indéfinie, une étape noire, une présence récurrente de nos vies

Cette vision tragique est erronée, elle est le fruit unique de notre matérialisme le plus primaire et éperdu, celui qui nous incite à tant de lâchetés.

« Si nous nous
résumons à avoir,
comment alors
ne pas craindre
la péremption
des possessions
et des possédants. »

« Crever », un verbe sombre et maudit que nous allons extrapoler, décliner, exhaler maintes fois : « J'en crève, j'en ai crevé, ils vont me faire crever, si cela arrive ou si cela n'arrive pas, j'en crèverai. » Ce verbe qui plane au-dessus de nous comme un corbeau maléfique. Impressionnant nos rétines comme une photographie, mais aussi déterminant la tonalité de nos peurs. Omniprésent. Crever est la mesure de nos échecs, l'aune cruelle à laquelle beaucoup d'entre nous étalonnent avec tristesse leurs vies, c'est notre référence. Hautement symbolique. Crever est effrayant. Crever est dénué de sens, d'avenir, d'espoir. Crever décline à l'infini nos pertes, des plus prosaïques aux plus ténébreuses, des petites aux abyssales, du rien à l'ultime.

Crever, c'est une déclaration de perte, ancrée dans la matière

Décomposition, nous ne serions que cela. Nous sommes chair dans le monde, nous y prenons corps. Nous nous croyons incarnés pour de bon.

Ce corps que nous pensons posséder et que nous aimons éduquer, entraîner, maîtriser, magnifier, guérir, il va nous lâcher quoi que nous lui concédions, par bribes ou par morceaux, par petites faiblesses et défaites, et nous trahir dans une fin inéluctable qui se rapproche chaque jour. Cette antienne [1] hante les tréfonds de notre cerveau dès que nous prenons conscience d'être en vie.

1. Refrain liturgique repris par le chœur entre chaque verset d'un psaume.

D'être mortels. Tôt. Impuissants. Très vite. À notre premier manque, à notre première perte.

Avec la vie, vient l'assurance de la perdre. L'évidence pour moi depuis mes premiers jours. Avec la vie et le corps, viennent toutes les pertes que nous pouvons imaginer. Effrayantes et enclavées dans la matière qui ne tient pas à grand-chose. Nous nous reconnaissons, nous nous définissons par notre corps, avant tout. La séparation première du corps de nos mères donne le *la*. La chair est la première de nos vulnérabilités. La peur de perdre ce corps qui garantit notre présence physique au monde nous saisit fréquemment, insidieuse, et nous fait oublier le soleil, le vent frais, l'herbe drue et la beauté du monde et de la vie. Cette angoisse est la pire de nos conseillères. Elle nous fait abandonner tout espoir et toute joie, et nous enfoncer uniquement dans la crainte, avec elle. Elle siffle à nos oreilles. Elle nous enchaîne à la menace funeste d'une chute fatale qui nous définit et à laquelle nous ne saurions échapper. Elle nous rapetisse, nous éteint, nous enterre vivants. Elle nous envahit.

Ces pertes ne vont pas forcément nous plaire, mais les affronter fait partie de notre histoire.

« Nous sommes
confrontés
en permanence
à des indices
de finitude, des petites
morts, des pertes,
en fait comme
un entraînement
ou une
familiarisation. »

Nos pertes physiques sont nos premières classes de résilience

Notre corps est un concentré de faiblesses, réelles et imaginées.

Des signes avant-coureurs nous ont déjà alertés très souvent : un malaise, une perte de conscience, une maladie, un accident, un handicap, l'âge ont posé des balises dont nous minorons en premier l'importance. Toutes ces pertes, ces atteintes nous entament et détruisent une partie de notre confiance et de notre innocence. Nous comprenons vite qu'elles ne sont qu'une mise en bouche, des examens blancs, un banc d'essai de nos aptitudes à les dépasser, les intégrer. Nos pertes sont une répétition aimable de ce qui pourra nous arriver si nous restons arrimés à notre toute-puissance illusoire. Nous croyons encore que nous allons passer entre les gouttes.

La preuve : nous guérissons, nous nous remettons, nous avons repris conscience, nous nous sommes rééduqués ou nous avons pallié une diminution de nos capacités par le développement de facultés nouvelles ou différentes.

Autant de pansements et autres exosquelettes venus nous réparer ou nous augmenter. En tous cas, entretenir notre illusion que rien de tout cela n'était vraiment grave. Ni définitif. Parfois, soulagement fugitif comme une respiration avant de replonger.

Mais le ver est dans le fruit : des disparitions nous attendent au portillon de la vie, d'autres pertes inhérentes à notre humanité nous guettent sans pitié.

Notre disparition inéluctable, nous tenterons de la tenir éloignée, sous cloche, de l'aseptiser

Tous les jours, nous sommes confrontés à des images de disparitions, d'accidents, d'incidents, de morts par maladies, par famine, par catastrophes naturelles, par la guerre, par la violence et par un cumul de bêtises, d'inconscience et d'égoïsme. À des milliers, des millions de celles-ci, n'épargnant personne.

Certaines visions nous touchent, un instant, mais leur prolifération et leur multiplication nous ont vite rendus insensibles et résistants à l'empathie. Égocentrés uniquement. Elles demeurent lointaines. Circonstanciées. Solubles dans la signature d'une pétition ou l'écrasement d'une larme fugace. Nous sommes mithridatisés, vaccinés en quelque sorte, anesthésiés et finalement indifférents.

Jusqu'à ce que la mort vienne en voisine. Et que nous soyons forcés de commencer à converser avec elle.

Vous souvenez-vous de votre première rencontre avec la mort?

> Moi, j'avais une dizaine d'années pour mon premier rendez-vous avec l'inconcevable. Dominique était la sœur de ma copine d'école, une fille brillante d'une vingtaine d'années

qui avait relevé le challenge de me faire étudier et aimer apprendre, par ses cours particuliers. Le meilleur dans ces cours, c'était elle, Dominique ; elle éclairait mon enfance solitaire. Elle rentrait de week-end : un accident de voiture, son père tué. Dominique dormait sur le siège passager et elle mourut dans son sommeil du coup du lapin. Sa mère en perdit la voix. À moi, elle me manqua très simplement. Et fort longtemps, je crus l'apercevoir, au détour d'une rue, dans l'ombre d'un transept, dans la queue d'un cinéma. Sa mort me sembla un mensonge. Première perte consciente de ma vie. Plus qu'une histoire, un drame.
Plus tard, des morts d'êtres aimés, après des temps d'agonie, et aussi parce que confrontée à la vision de leurs dépouilles – ma tante, mon grand-père – configurèrent davantage ma réalité. Au chagrin, s'ajouta l'horreur qui ne se partage pas.

Pour chacun d'entre nous, ces pertes demeurent fondamentales, mais elles semblent aussi lointaines, étrangères, tant elles ne peuvent menacer notre jeunesse. Encore irréelles.

Un jour, la mort nous tend un miroir

Un jour, c'est un ami intime qui est malade, se défait et disparaît. Et avec lui emporte, contemporains et partagés, notre histoire commune et notre vécu.
Nous croyons avoir plus intimement connu la mort ce jour-là : je me souviens de lui avoir pris la main – cette

même main qu'il me tendait pour m'aider l'été d'avant pour monter à bord de son bateau–, avoir massé sans peur ni dégoût son pied, gonflé d'œdème. Sa mort accompagne ma vie. Nous vivons entourés de nos morts. Nous étions juste amis, et cela m'autorise à fréquemment encore, quarante ans plus tard, lui parler et penser à lui.

Comme vous, à d'autres.

Bien sûr, il y eut d'autres morts : mes parents, mes frères, des proches. La mort est devenue plus familière, quoique encore distante. Mais ce qui me peine encore davantage aujourd'hui est de voir brutalement, et avec la régularité d'un métronome, disparaître mes amis de cœur, mes proches, ma génération, mes complices, mes sœurs et frères d'âme. Ceux et celles avec qui je pensais vieillir et partager nos souvenirs. Anne, Bénédicte, Sophie, Mono, Martine, Myriam, Jean-François, Hélène, les derniers de mes Mohicans, et d'autres aussi.

Ces chagrins nous sont communs. Vous les connaissez si bien.

Ces peines, cette confrontation révélatrice, nous les partageons, vous et moi

Ce sont elles qui nous accompagnent dans la levée du voile de notre existence : notre temps est fini. Notre temps est ténu.

Ce sont ces peines qui font émerger notre nouvelle exigence dans l'existence et l'absolue nécessité de savoir vivre. Ce sont elles qui vont donner un sens plus intense au verbe « crever ». Longtemps, nous avons tergiversé, mélangé allègrement le futile et l'utile, le léger et l'essentiel, l'anecdote et l'important, le vain et le bon, l'ambition et le sens. Ces étapes que nous avons déjà évoquées ont été un mal nécessaire, au début sans incidence.

Le temps se raccourcit et l'urgence de vivre est viscérale et impérieuse

Plus le temps passe, plus le temps restant diminue, moins nous pouvons nous permettre des raccourcis faciles et des vécus factices. Le temps devient compté, voire incertain, menacé, hasardeux. Le corps devient de moins en moins glorieux. Nous sommes de plus en plus seuls et nous n'avons plus de brumes et d'étourdissements derrière lesquels nous cacher.

Nous allons mourir, mais nous ne pouvons plus prendre le risque de crever. Nous ne le voulons plus.

> En tous cas, je ne le veux plus. J'en suis convaincue, de plus en plus intimement. De plus en plus impérieusement. Ma chair me l'a dit. Mon être l'affirme. Les ultimes soubresauts de ma soumission au désir de l'autre et du non-respect de qui je suis me conduisent inéluctablement à achever – cette fois-ci définitivement – ma mue.

Choisir sa vie, c'est accepter sa mort et de mourir – le plus tard possible – en paix

Aujourd'hui, je sais l'importance de la mort.

Franchement, nous n'avons pas été aidés à la comprendre ces siècles derniers. Avec des vies asservies, normées, régulées, régies par des rites vidés de sens, soumises à des mondes brutaux et dominateurs et, enfin, dévoyées dans des croyances illusoires d'omnipotence, d'immunité et de pouvoir. Le séculaire dominait. Souvent au nom des meilleures intentions, qui sont les plus toxiques, ou de peurs incontrôlables. Pour des dieux – commerce, or, épices, expansion, religions, domination, idéologies – autoproclamés et jamais satisfaits. Pour des raisons qui n'en ont que le nom et ne relèvent d'aucune valeur ni humanité.

Jusqu'à notre éveil.

Nos vies ont été décérébrées, privées de sens et d'Idéal

Je dis bien d'Idéal, et non des idéaux : de ces derniers, les plus fallacieux, nous avons été gavés. Comme des oies. Ces derniers siècles, en particulier, nous ont largement étouffés dans la gangue des croyances enfermantes. Avec l'éloge de la possession, de la lutte, de la satisfaction immédiate. Avec du désir sans fin pour des choses inertes et vite obsolètes, avec notre goût pour l'accumulation, l'excitation, l'instant. Avec

« Cette mue, encore en cours,
ultime, si douloureuse,
où je me dépouille des derniers
costumes qui me pèsent,
des compromissions
qui m'insupportent
et des poids qui m'asphyxient,
et qui me fait choisir enfin
la vie et mon intégrité. »

notre faim inassouvie pour plus, davantage et autre chose qui se nourrit de notre insatisfaction chronique, avec notre quête de nouvelles donnes, de nouvelles émotions, de nouvelles envies, notre capacité sans borne à franchir les limites, à brûler nos terres, à nous entre-massacrer, à nous enfermer dans nos illusions et nos fantasmes. Oui, avec tout cela, dans ce chaos, nous sommes devenus la forme la plus humaine de non-intelligence.

Nous sommes devenus assez bêtes, avouons-le. Nous avons préféré occulter cette mort qui allait nous rendre au néant dans toute notre misère, notre nudité, notre vacuité.

Aux époques récentes, la mort fut effacée de notre vie

Il fut un temps où la mort était suffisamment présente pour parfois nous éclairer, nous réveiller, nous ramener à la conscience.

Ces derniers temps, vieillesse, maladie, mort, handicap n'ont plus de place dans la vie contemporaine. On les parque, on les ostracise, on les cache ou on les nie. Comme s'ils étaient contagieux, poreux, viraux. On croit ainsi s'en dédouaner, les éloigner. Démarche très vaine. La mort revient en force aujourd'hui. Avec de plus en plus de brutalité récemment, nous y reviendrons.

La mort n'est pas livrée en option à la naissance, faribole que cette illusion : ce temps, que nous passons sur terre, est destiné à nous familiariser avec elle, bien que nous ayons ainsi tenté de l'esquiver.

Avant la perte ultime, il y a des bêta-tests, de petites pertes. Notre grand œuvre, notre matière principale à l'école de la vie, c'est la perte. Perdre avec gratitude. La perte est une mort. La perte, notre grand dénominateur commun. On devrait nous familiariser à la perte dès la maternelle. Première matière à enseigner. En lieu et place, on nous éduque à l'avoir, à la récompense, à une forme exponentielle de gain et d'accumulation. On nous fait croire en l'immuabilité des premières places, merveilleusement pérennes, en l'intérêt des courses toujours plus rapides, en des classements uniquement ascendants, en un progrès qui se qualifie avec « plus », « davantage », « énormément », en des avancées qu'on dit critiques, en des victoires, des progressions, des podiums et de la croissance.

L'enfant va grandir, s'éveiller, apprendre, et c'est bien. On l'illusionne alors sur le fait qu'enfant, il est tout-puissant et qu'il va le devenir plus encore. Que tout lui appartient et surtout lui est dû. Immédiatement et éternellement.

Nous avons tous connu, sans les comprendre, ces déchirures et ces frustrations attachées à nos pertes, à la réalisation de la finitude de nos pouvoirs. Et de nos expériences. Grandir est une désillusion.

Cette finitude qui nous prépare à la nôtre

Perdre une compétence ou une capacité ou une illusion que nous pensions posséder à jamais. Avoir fait des choix irréfléchis, découvrir qu'une partie de notre vécu est très avarié, avoir perdu

« La mort nous
rattrape toujours :
notre seul choix
est de décider
si c'est pour mourir
ou pour crever. »

une opportunité rare pour avoir écouté un chant des sirènes. S'oublier dans un soi qui n'est pas nôtre, errer dans un monde qui ne nous correspond pas simplement. Avoir laissé passer une chance subtile, s'être illusionné pour mille raisons obscures, avoir laissé à un autre le pouvoir sur notre vie, avoir voulu avoir le dernier mot, s'être coupé de notre essence vitale…

Refuser de crever est notre chance de nous remettre les idées en place

Crever, c'est cette vision atroce de ne plus se ressembler, et se rendre compte alors que, sans qu'on le sache, mille autres compromissions et défaites ont déjà laminé le sens de notre vie et de notre intégrité. Voir qu'à vouloir avoir, gagner, dominer, on a négligé des essentiels qui sont en train de s'évaporer.

Il y a perte et perte. Appréhender la mort, c'est comprendre leur distinction. Entre des pertes salutaires, parfois si difficiles, et des pertes douloureuses et dévastatrices qui ne débouchent sur rien. Nous confondons souvent les deux.

Nos premières pertes sont souvent complexes à accepter, elles procèdent cependant du vivant

Rien ne nous est acquis pour toujours. Le vivant est mobile, volatil, mutable par essence. Nous évoluons dans et par sa

« C'est cela crever,
s'être menti sur
la valeur et la durée
des choses, avoir
donné de la valeur
à des actions qui
n'en ont aucune,
avoir pris pour acquis
éternel ce qui n'était
que temporel. »

danse, dans les figures successives que nous rencontrons et qui s'enrichissent et nous enrichissent. Nous naissons nus, et rien de ce que nous croirons posséder ne nous appartient vraiment. Même ce qui nous est précieux comme l'amour, la santé, la vie. Nous en sommes au mieux locataires pour un contrat dont nous ne connaissons ni le terme, ni les conditions. Leur perte est possible à chaque instant. Cette fragilité poétique leur donne une lumière et une intensité que nous ne ressentirions plus si tout nous était définitivement acquis. Ce n'est pas facile à accepter, encore moins à apprécier quand nous y sommes confrontés.

Cela nous ramène à notre humanité la plus authentique et à cette capacité de rebond et de résilience qui nous anime au plus profond de nous. À la valeur de la vie. Oui, le vivant n'est pas un état permanent et assuré, dans lequel nous posons à un âge convenu nos bagages pour nous en goberger et nous y reposer éternellement. Il est par principe animé, changeant, progressif le plus souvent. Il est juste le terrain de notre expérimentation de l'existence.

Et nos pertes, fertiles en émotions – qui viennent du latin *emovere*, étymologiquement « se mettre en mouvement » –, nous blessent, nous brisent, nous attristent. Ce sont des pertes violentes : job, logement, amitié, santé, autonomie, liberté, cœur, âme, flamme. Un éventail si large et divers, si personnel aussi, des pertes spectaculaires, et de petites pertes tout aussi importantes, des pertes intimes et des pertes publiques, aussi dévastatrices les unes que les autres.

Nous avons tous et toutes expérimenté chacune de ces pertes, et quels qu'aient été leurs champs d'action, elles nous ont tous marqués au fer rouge. Nous sommes égaux devant leurs brûlures, nous en gardons tous des cicatrices. Oui, nous en avons « crevé ». Mais celles-là nous ont conduits à une autre partie de nous-mêmes, à un autre moi-même, à un autre vous-même, encore enfouis.

Longtemps, nos pertes nous semblent injustes, iniques, insupportables. Et c'est un vécu tout à fait respectable. Mais chacune de nos pertes nous a accouchés d'une part de nous-mêmes dans le gigantesque tableau pointilliste, dans la mosaïque de la vie.

Nos pertes sont les armes, les cellules secrètes de notre évolution.

> Chez moi, perdre mon jumeau, perdre mon temps ou croire le perdre, perdre ma santé, perdre mon autonomie physique, perdre mes jambes, perdre mon job, perdre ma maison, perdre mon salaire, perdre l'autre, perdre mes croyances, perdre ma foi, perdre mon cœur, perdre mes illusions, perdre…

Et vous ?

Et si c'était sur nos pertes que se construisait notre royaume ?

D'autres pertes sont juste illisibles et heurtent totalement notre compréhension

Des souffrances trop immondes, trop fortes, des injustices intolérables, des chagrins sans consolation, des destructions perverses, des plaies terribles. Celles du collectif : la torture, les crimes contre l'humanité, la famine, les catastrophes naturelles, les accidents, la destruction des ressources, l'esclavage, le terrorisme, les invasions… Aux conséquences implacables pour les gens qui en sont victimes. Inexplicables, simplement. Sans sens, à nos yeux. Des pertes personnelles aussi qui sont illisibles, incompréhensibles et ne paraissent pas avoir une justification quelconque.

Très étrange, cette utilité de la perte. Elle nous accompagne dans nos dénis, dans nos fantasmes, dans nos peines. Elle reste présente pour nous signaler des dangers bien plus grands. Jusqu'à ce que nous soyons son sujet. Elle remet les choses en place, restitue l'essentiel, nous apprend à accepter de nous défaire, nous enseigne le détachement et nous libère de nos entraves. Elle nous amène à ne plus craindre de perdre. Quoi de plus paradoxal que son enseignement.

« Ainsi, si on ne veut pas crever, bien qu'on sache qu'on va un jour mourir, c'est épurés et détachés que nous allons apprendre à sortir du chemin obligé, des souffrances et de leurs voiles. »

Les cailloux blancs

- La chair est la première de nos vulnérabilités.
- Nous sommes confrontés à des indices de finitude, des petites morts, des pertes, en fait comme un entraînement ou une familiarisation.
- Nos pertes sont une répétition aimable de ce qui pourra nous arriver si nous restons arrimés à notre toute-puissance illusoire.
- Ce sont ces peines qui font émerger notre nouvelle exigence dans l'existence et l'absolue nécessité de savoir vivre.
- La mort nous rattrape toujours : notre seul choix est de décider si c'est pour mourir ou pour crever.
- C'est cela crever, s'être menti sur la valeur et la durée des choses.
- Le vivant n'est pas un état permanent et assuré, dans lequel nous posons à un âge convenu nos bagages pour nous en goberger et nous y reposer éternellement.
- Nous avons tous et toutes expérimenté chacune de ces pertes, et quels qu'aient été leurs champs d'action, elles nous ont tous marqués au fer rouge.
- Chacune de nos pertes nous a accouchés d'une part de nous-mêmes dans le gigantesque tableau pointilliste, dans la mosaïque de la vie.

6

SORTIR DES CARCANS ET DU CHEMIN OBLIGÉ

Sortir du déni, c'est décider de ne plus crever, de ne plus étouffer. De choisir. De dire non. De ressentir, enfin. De partager son ressenti. Avec le temps. C'est faire face aux pertes et aux peines et les savoir, elles-mêmes et pour beaucoup, relatives et transitoires. Si notre esprit l'accepte. Arrêter de se raconter des histoires, pour vivre la nôtre. Notre histoire. Notre épopée.

Le révélateur le plus farouche de nous-mêmes, c'est notre corps

Il nous parle, il hurle même. Notre corps est notre défenseur le plus intègre. Lui dit toujours vrai, il nous reste à l'écouter et l'entendre.

À la lumière de nos épreuves et de nos peines, notre corps a la capacité de dévoiler le plus profond de notre être.

Il émet des signaux de fumée comme un vieil Indien sage. Il nous alerte dès que nous nous engageons sur une route qui ne nous convient pas vraiment ou que nous nous enfonçons dans un sentier qui ne nous convient plus.

Un chemin pas forcément hostile, parfois juste obligé.

Ces obligations que nous nous sommes créées et que nous avons déjà évoquées, ces obligations que les autres nous imposent, tout ce qui nous fait soupirer intérieurement : « j'en crève », nous en crevons.

« La voie du corps,
la voix du corps
sont subtiles.
Notre corps sait
avant nous comment
nous pouvons
et allons réagir. »

Nous ne vivons pas, nous tenons bon

Gardons-le à l'esprit, ce verbe funeste : « tenir ».

Au commencement, une façon de faire, pas forcément une soumission, très vite une érection névrosée et systématique contre vents et marées.

Dans un monde inconnu où nous sommes ballottés au gré des humeurs et des vents contraires, l'instinct nous incite à résister, à ne pas plier, tant qu'une autre possibilité ne se présente pas. Nous tenons dans l'espoir de vents plus calmes et qu'un autre horizon apparaisse. En attendant, nous nous contractons et nous tenons. Dans nos ignorances, c'est aussi une méthode comme une autre de se présenter au monde. Ensuite, ce deviendra une forme de résistance passive. Une stratégie de survie. Nos mâchoires se crispent nuit et jour, nous empilons des munitions, nous épuisons nos réserves, nous nous enchaînons au promontoire [1]. Nous tenons pour ne pas nous faire entraîner dans des profondeurs, ou dériver et nous fracasser sur des rochers. Ne pas nous faire écraser ou entamer par des aspérités dont les blessures pourraient nous infecter. Plier pour ne pas nous briser. Nous sommes ce roseau [2] qui plie mais ne rompt pas et attend encore la moindre accalmie du souffle, du vent pour se redresser.

Et quand le vent forcit encore, et que nous comprenons que la situation est plus grave : non seulement nous tenons, mais

1. Être enchaîné à un promontoire ou à un rocher : mythe d'Uranus, qui enchaîna ses enfants à un promontoire : https://mythologica.fr/grec/ouranos.htm.

2. Fable du roseau « qui plie mais ne rompt pas » : « Le Chêne et le Roseau » de Jean de La Fontaine.

plus nous nous replions, plus nous nous retenons. Nous retenons nos instincts, nos désirs, nos envies, nos intuitions. Nos rêves. Nos rires. Nous nous enchaînons à ce pilori qui nous soutient et nous incarcère à la fois. Nous demeurons immobiles, figés, enferrés dans un songe qui nous a pris habilement dans sa matrice, dans ses rets. Nous sommes nourris, vêtus, logés dans cette enclave. Nous y dormons, nous y aimons, nous y vivons. L'air que nous y respirons, comme dans un scaphandre, est vicié et compté. L'eau lourde qui nous baigne et nous hydrate est visqueuse. Avec cette gangue qui nous entoure peu à peu, les éléments corrompent dans le silence des pans entiers de notre être.

Demeurer en place, mais à la merci de tous les bernard-l'hermite. Nous tenons en nous déglinguant de plus en plus, en nous exténuant, en étouffant. Nous sommes morcelés. L'illusion, nous y tombons, en premier lieu, puis nous en devenons victimes. Cela nous empêche de respirer librement.

En général, en surface, rien ne transparaît. Nous gardons le sourire et la niaque longtemps, mais nous nous fissurons chaque jour davantage.

« L'incarnation
est une tempête. »

C'est la maladie, en premier, le « mal a dit[1] », le « mal à dire » qui sonne l'alerte

Insomnies, angoisses, tachycardies, reflux gastriques, maux de tête, de petites alertes. Puis des signaux plus clairs : entorses, problèmes de ligaments, maux de dos, sciatiques. La structure témoigne. Et enfin la somatisation s'aggrave. Le corps s'exprime, il dit le mal. Nous sommes malades physiquement, somatiquement, symboliquement. Et si vraiment rien de tout cela n'y fait, si nous persistons, c'est à un autre niveau vital que les choses se mettent en place : accidents, incidents, maladies graves et parfois la mort.

Je voudrais revenir sur mon histoire personnelle et sans gloire. Simplement.

Une histoire avec mon corps pour baromètre

> Au départ, une histoire peu gaie, déjà contée : le décès de mon jumeau, une enfance silencieuse. Une tradition familiale d'omerta, de non-dit. Ma recherche désespérée d'un cadre.

1. Le mal a dit, ou la somatisation : Jacques Martel, *Le Grand Dictionnaire des malaises et des maladies*, Quintessence, 2007.

« Nous tenons,
alors que, de nous,
il ne reste plus que
cette coquille vide,
et vidée désormais,
qui ne sait faire
qu'une chose :
persister. »

C'est vers 16 ans que, livrée à moi-même, poussant sans « tuteurs », je commence à vriller. Dans ma verticalité. Scoliose légère, anodine comme celle de millions d'adolescentes. Je brûle ma vie pour me sentir vivante : amours, fêtes, boissons, voyages. Je vis des tremblements venus de l'extérieur, j'accueille des pulsions, sans me ressentir, sans me connaître, ni me voir. C'est le monde extérieur qui, seul, m'anime et je me meus au bout de ses fils. Excitation.

Anesthésie des sens par saturation

Gagner ma vie, m'activer, me semble le moyen d'accroître encore mes endorphines, avec de l'argent à dépenser, une vie sociale animée, une vie affective agitée et en travaillant comme une forcenée jusqu'aux podiums. Ultimes. Professionnel et amoureux. La discipline et l'exacerbation, dans toutes leurs acceptions, le sujet, que m'importe, tout me convient pour grimper sur les marches.
Et avec acharnement, je les gravis toutes, exténuant mon corps, l'exerçant sans tendresse, ni répit, dans de longues heures de travail, par des combats permanents et violents pour gagner, avec des nuits sans sommeil, des passions très brèves, des colères inexprimées et une existence vécue à 300 km/h. Tout ceci me pèse, pèse sur mes vertèbres qui vrillent plus encore. Ce qui m'exaspère : j'amplifie les efforts pour vaincre, pour me vaincre. Je me rigidifie, et je désosse et dévore goulûment le monde et mon corps. Mettre tout

l'univers, insuffisamment domestiqué, à mon service, en coupe réglée. Rien ne va me résister. Je tiens, je ne lâche jamais. Je ne lâcherai jamais.
En même temps, insidieusement, le doute se faufile. J'ai beau accumuler, je ne suis pas satisfaite. Il me manque toujours quelque chose pour combler un vide profond et récurrent. Je crois que tout s'arrangera, ira mieux demain, avec une herbe plus verte, ailleurs. Je le veux. C'est toujours plus fort et plus difficile, sans fin. Décevant, imparfait, incomplet. Des hauts, des dégringolades, des torsions, des bas. Je découvre que je suis prise dans une machine infernale, dans un engrenage, celui de la performance et de la réussite, celui que tous jalousent et célèbrent. J'y excelle. Parmi les élus, même si mal placée. Je produis, je défonce les barrières, je dévoie ma vitalité et j'épuise mon énergie et ma santé. Wonder Woman. En apparence.

La loi d'airain des années fric, des années frime

Je suis dans l'époque, dans le mouvement, à une place rêvée, plus exactement fantasmée.
Assoiffée, je recherche une source, des aérations, des bouffées d'oxygène ou des bolées d'excitants pour engranger du sens et m'hydrater l'esprit : la lecture, les thérapies, les réseaux de femmes, l'amour, des jobs plus prestigieux, plus internationaux, des formations avec les meilleurs maîtres.

« Une place qui
aurait dû n'être
au mieux pour
moi que l'occasion
d'un apprentissage
occasionnel,
non un Golgotha
pendant trente ans,
et en aucun cas
mon projet de vie. »

Parfois, je ne suis pas loin de moi, un peu plus éveillée. Je me cherche. Je fais du nettoyage de surface, je gratte la couche superficielle. Comme beaucoup d'entre nous, je suis une touriste de la recherche de soi, enquillant formations et déformations, dans l'espoir de trouver des réponses et des solutions miracles et pas trop dérangeantes pour l'ordre établi. Je sors de ces séminaires, finalement mal réveillée, rendue à la vacuité de mon existence, éventuellement un peu plus déphasée. Mais ils auront eu l'avantage de me constituer une boîte à outils dont une partie du contenu, ultérieurement, me servira vraiment.
Je vois, mais je ne comprends pas. Je ne sais pas ce que je dois comprendre, ce que je dois faire. En réalité, je ne vois rien, je suis dépassée. Mais je suis de plus en plus lasse, fatiguée. Je souris moins, je me tends désormais dans le faire. Mon corps est épuisé, noué. Avec la quarantaine.

Le seul sourire qui me réchauffe vraiment, c'est celui de mes filles

Je veux et crois leur donner tout ce que je n'ai pas eu. Mais probablement pas ce dont elles ont vraiment besoin. Je ne conçois en réalité leur éducation qu'au travers du prisme trouble de ce que je sais ou ce que je crois savoir. Donc de ce qui m'a manqué. « Plus » est mon mantra.

En tous cas avec mes enfants, c'est de l'amour que je partage, c'est l'amour que je touche. C'est l'expérience la plus pure et forte de mon existence. Elles me font découvrir l'enfance heureuse et gomment les douleurs de la mienne. Je suis émerveillée par elles et terrifiée à l'idée de ne pas tout leur donner. Un tout inatteignable qui me tient éveillée la nuit. J'énumère des nuits durant, dans ma tête, la liste de ce que je leur dois. Je ne leur dévoile bien sûr ni mes fragilités, ni mes doutes, je me dois à elles, invulnérable.

Ailleurs, l'amitié et l'amour montrent aussi des failles que je préfère ignorer. Je ne saurais avoir fait des choix erronés. Il faut que cela marche. C'est ainsi. Il faut que les images selon lesquelles j'ai bâti mes vies soient gravées dans un marbre que rien ne saura effacer, elles ne sauraient être factices ou friables. Et quand bien même elles le seraient, je ne veux pas le savoir.

L'image doit masquer le vide qui m'étreint, qui m'éteint parfois. Je campe sur mes positions. En changer n'est pas envisageable. Je m'obstine. Rien ne peut m'abattre. Je suis un général, aux commandes de la vie. Je dois y arriver, j'ai tout fait pour que cela marche. Je force même le trait sur ma vie de rêve, ma vie parfaite, ma vie en étendard. Je la polarise pour lui donner du brillant. Je colmate les fuites. Je cimente les crevasses.

« Je suis
“Madame Parfaite”,
celle qui n’a jamais
de collants filés ! »

Mon corps bloque de plus en plus

Littéralement, à la cinquantaine. Parfois, je ne peux plus marcher, je dois m'arrêter et m'asseoir tant les douleurs sont aiguës. Parfois, je ne peux plus simplement tenir debout et je m'allonge sur le sol, crucifiée de longs moments, anéantie. Il est exact, et surtout confortable, d'attribuer à ma folle vie professionnelle toutes ces redditions de mon corps. Elle est le bouc émissaire à la fois réel et idéal. Celui qui évite de s'interroger plus loin sur le fond du problème. Sur l'ensemble de ma vie, dans tous ses états. Je la charge de mes fautes : journées sans fin au téléphone ou devant un écran, la crainte de louper quelque chose ou de ne pas le faire aboutir, les injonctions contradictoires permanentes des grandes organisations, les doubles contraintes [1], les rivalités douceâtres ou féroces, les alliances fragiles et décevantes, la charge énorme de travail, les complexités du multiculturel et de l'international, la pénalisation d'être une femme, parfois également celle de ne pas être anglo-saxonne, à l'époque.

Oui, il y a eu tout cela. Pas si différent de votre vécu.

Mais aussi du bon, que je sais reconnaître, dans cette vie professionnelle qui n'a été qu'une étape enseignante et

1. À Palo Alto, en 1956, Gregory Bateson et son équipe recherchent les spécificités des communications dans les familles avec un membre schizophrène. Dans la double contrainte, les contraintes s'opposent et chacune contient l'interdiction de l'autre : https://fr.wikipedia.org/wiki/Double_contrainte.

« L'histoire
de beaucoup
d'entre nous est
de nous être englués
dans des parcours
de vie devenus
erronés. »

nécessaire de mon chemin de vie. Aujourd'hui, je sais aussi ce qu'elle m'a apporté, en ces temps où je ne voyais que par elle et dans la longue mise au monde de qui je suis désormais. Il y a d'autres parties de ma vie que je ne pense pas encore à questionner, c'est trop tôt.

Je ne veux pas soulever les tapis et regarder les cadavres dans mon placard

De l'insatisfaction chronique, chez moi, très profonde, j'enlève à peine l'écorce. Chaque strate en révèle une nouvelle, inattendue, aux ramifications surprenantes. Des strates profondes, infinies qui annoncent la découverte d'un continent gigantesque que j'hésite à parcourir. Il y a des milliers de portes, et certaines bien gardées. Un tel inconnu. Une forêt vierge et sombre, semée d'embûches. Je reste au seuil, j'ignore comment le franchir et j'en ai peur. Après la cinquantaine, avec elle, ce cap de mi-vie, je me sens de plus en plus usée. Je continue à paraître, mais je n'en peux plus. Je ne tiens plus le rythme.

« Peler l'orange :
de nos angoisses,
de nos attachements,
de notre histoire
personnelle,
de nos racines
familiales. »

Le décor se déchire, les planchers s'écroulent, les plafonds sont troués

Ce n'est plus ma vie rêvée, cela vire au cauchemar. Le vaisseau de ma vie prend l'eau de toutes parts. Rien ne va plus. Bien que cela ne se voie pas.
Je ne m'en sors plus, mais je ne vois aucune échappatoire, ni de solution autre que continuer. Je vais travailler en pilotage automatique, je continue, comme si j'enfilais des perles, à sortir, recevoir, proposer et mettre en œuvre. Tant de gens comptent sur moi, me pensent inoxydable, je me dois à eux. Un Golgotha secret. De plus en plus invasive, la douleur demande sa pinte de chair et ne me quitte plus chaque jour, chaque heure. J'en ai plein le dos, au propre et au figuré. Je me terre souvent, terrifiée au fond de mon lit, aucun avenir ne s'ouvre à moi. Marcher et bouger demandent des efforts. Me maintenir debout est surhumain.
Je passe deux années sous le joug impérieux et quasi quotidien d'un maître de ballet qui prétend me sauver par la violence d'une discipline exigeante, celle que doivent affronter des ballerines, autrement plus flexibles et solides que moi. Sa méthode vient en écho à mes croyances : l'effort, l'entêtement et passer par la force et sans répit. Mon corps réagit, d'un dernier sursaut, quelques mois. J'y épuise le peu d'énergie qui me reste, pour trouver cependant un peu de répit dans ma mobilité, temporiser ma déchéance. Avec lui, je me sens aussi moins seule dans ma lutte.

Mais un soir de Noël 2013, je vais lâcher. Je suis à terre. Mon corps ne me soutient plus, mes côtes, mes vertèbres s'affaissent, je me casse et me recroqueville de toutes parts. Plus de colonne vertébrale comme un hauban pour me soutenir, je démâte. Début 2014, je tombe le masque. Je vois le rhumatologue affolé. On me mesure. Scoliose de 73° de double courbure. Il est trop tard, bien trop tard, je suis hors-service.

Madame Parfaite, c'est fini, chronique d'une fin annoncée

Mon corps s'est exprimé sans ambages, las de ma surdité à ses appels à l'aide. Il est seul maître à bord d'un esquif chaviré qui sombre.
Personne de mes proches, de mes amies intimes, de ma famille n'avait réalisé ou voulu voir ma déformation, ni mesuré l'ampleur du désastre tant je masquais la chose. Mon déni a été si puissant que je ne mesurais pas moi-même ce que j'avais laissé advenir de mon corps. Je dissimulais mon état depuis des années par la volonté, certes avec élégance, et de grands châles et des vestes amples. Quasimodo non déclarée. On décelait vaguement quelque chose parfois. Certainement le défaut de fabrication d'une robe. Il y a comme un défaut, bien sûr [1] ! Mais personne n'avait jamais

1. Sketch de Fernand Raynaud, « Y a comme un défaut » : https://www.ina.fr/ina-eclaire-actu/video/i06268518/fernand-raynaud-y-a-comme-un-defaut.

osé m'en parler. Illusion d'optique certainement, une fatigue passagère. Comme je refusais mon état, mon entourage a suivi le mouvement et préféré ne pas en tenir compte. Ne pas me stopper dans mon autodestruction folle. Tous complices de mon inconscience. Nul ne voulait imaginer que quelqu'un d'aussi stratège, puissante, cultivée et analytique que moi, pouvait s'infliger un tel châtiment et prendre un risque aussi vital. C'était impensable, inimaginable. Comme de comprendre ce qui m'avait conduite à si peu m'aimer et encore moins me respecter. La femme qu'ils connaissaient était forte, biberonnée à la résistance, auréolée de succès et indestructible. Aucune nécessité de s'inquiéter pour elle, d'en prendre soin et de la protéger.

Et pourtant, je ne suis pas la seule à m'être nourrie d'illusions, à avoir avancé sur les chemins de la vie avec le masque de quelqu'un d'autre, à avoir prétendu une assurance que je n'avais pas et tenté à n'importe quel prix d'intégrer un cercle et à m'être mise terriblement en danger, n'est-ce pas ?

Nous sommes nombreux à nous faire dommage

Beaucoup d'entre nous ont fait ces choix violents et toxiques, pour les raisons les plus incroyables et personnelles. Nous sommes tant à jouer des rôles pour trouver un havre, pour plaire, pour être aimables, pour convenir. À faire semblant, à afficher une identité créée de toutes pièces qui nous déforme, à adopter des comportements et des goûts qui nous ouvrent des portes et nous intoxiquent, à nous fondre dans le politiquement et socialement correct jusqu'à la nausée. À nous vendre pour acheter une paix ou un confort trompeurs. À nous mystifier.

Miroir, mon beau miroir, suis-je la meilleure ?

Nous nous soumettons aux interdictions, aux injonctions, aux « il faut » et « tu dois », en estimant que les petites redditions ne sont pas graves. Ignorant leur signifiance. De petites lâchetés, parfois des non-dits : mais non, « ça ne m'ennuie pas », « ça ne pose pas de problème », « on – je – peut faire », « comme vous voudrez », « si vous le pensez ». Sans réaliser que leur accumulation nous détruit plus sûrement qu'une grande défaite. Sous les lauriers et le maquillage, personne n'imagine l'enfant terrifié, seul ou triste.

Nous nous travestissons en un ou une inconnu·e, un héros ou une héroïne de Marvel [1]

On nous dit « tais-toi ». Nous obéissons docilement, certains de garder une marge de manœuvre, mais il n'en est rien. Quand nous vendons notre âme au diable, nous devenons des zombies ou des coquilles vides. Et ce n'est pas un mauvais rêve. Quand nous ne nous respectons pas et ne nous aimons pas – tant que nous ne nous respecterons pas et ne nous aimerons pas –, nous demeurons des morts vivants, perdus à nous-mêmes. Asservie

1. Société de production cinématographique spécialisée dans les films de super-héros.

aux désirs des autres, notre imagination se flétrit. Notre horizon est limité par les œillères que nous avons accepté de porter. Parce que désormais, nous nous réduisons, nous nous cantonnons à cette vision tronquée de nos possibilités et de nos chances, et que nous ne savons pas comment nous défaire de notre casque de réalité virtuelle. Nous ne voyons plus, nous sommes réduits à et par nos ignorances et nos peurs. Responsables, mais aucunement coupables.

Nos choix : mourir à petit feu, crever ou nous rebeller, s'il est encore temps

Les mythes ont la vie dure.
On en crève tous, j'en ai crevé.

> Avant d'être enfin capable de m'incarner, de me réanimer, de me désenclaver. De ne plus me taire, de me libérer et de dire oui. Oui, à ma force vitale qui rugit : « Oui, tu vas mourir, mais avant ta vie doit être belle et choisie. » Et d'entamer « le voyage du héros [1] », de l'héroïne : après l'épreuve, en franchissant enfin le seuil interdit, impossible, inaccessible.

1. Robert Dilts et Stephen Gilligan, *Le Voyage du héros*, Dunod, 2011 : https://www.institut-repere.com/info/le-voyage-du-heros-par-robert-dilts/, inspiré du livre de Joseph Campbell, *Le Héros aux mille et un visages*, J'ai Lu, 2013 : https://fr.wikipedia.org/wiki/Voyage_du_h%C3%A9ros.

« Quitter nos cages
dorées au risque
de disparaître,
cette punition
divine depuis la nuit
de temps qui chassa
Ève et Adam
du paradis. »

Les cailloux blancs

- Faire face aux pertes et aux peines et les savoir, pour beaucoup d'entre elles, relatives et transitoires.
- Arrêter de se raconter des histoires, pour vivre la nôtre.
- Gardez-le à l'esprit ce verbe funeste : « tenir » bon.
- Non seulement nous tenons, mais nous retenons.
- Notre corps sait avant nous comment nous pouvons ou allons réagir.
- Si nous persistons, c'est à un autre niveau vital que les choses se mettent en place.
- L'histoire de beaucoup d'entre nous est de nous être englués dans des parcours devenus erronés.
- Nous sommes tant à jouer des rôles pour trouver un havre, pour plaire, pour être aimables, pour convenir.
- Nous obéissons docilement, certains de garder une marge de manœuvre, mais il n'en est rien.
- Quand nous vendons notre âme au diable, nous devenons des zombies ou des coquilles vides.
- Nos choix : mourir à petit feu, crever ou nous rebeller, s'il est encore temps.

7

PETIT APARTÉ SUR LA MORT

La mort, l'ultime, n'est pas un sujet de conversation. Peut-être parce que nous n'avons rien de tangible à en dire.

On parle de mourir comme un léger changement de notre état : croître, grandir, embellir, décliner, mourir. On parle de perte, encore, de peine. Autant d'euphémismes pour masquer la vérité.

Il ne semble pas y avoir de mise à jour possible. Pas de *reset*. Après, rideau.

Ce que nous observons, ce sont juste les qualificatifs et les circonstances de la mort : douce, brutale, violente, jeune, vieille, dans son sommeil, au bout d'une longue maladie, accidentelle, agonie, mort en soins palliatifs, euthanasie ou mort assistée, suicide ou mort décidée et provoquée, meurtre ou mort subie, mort collective, massacre et génocide.

Nous tenons la mort au bout d'une lorgnette, comme un entomologiste un insecte : nous l'observons. La catégorisant, la disséquant en phases, en notant les coutumes et les rites, nous l'épinglons dans une approche ethnosociologique, et nous la rangeons dans un fonds historique et lointain. Au fond, nous ne pouvons rien en savoir et la tenir à l'extérieur de nous nous convient à merveille.

Sacralisée, mais sous verre, sous cloche.

« La vie est
une activité cyclique,
d'un seul cycle limité
qui plus est, et nous
n'avons pas le temps
d'en concocter
une version
plus élaborée. »

Certaines civilisations donnaient à la mort une place de choix

Elles vivaient avec son ombre, l'intériorisaient et l'intégraient. Rituels funéraires que nous conservons poussiéreux dans nos musées, autels des ancêtres perpétués dans des contrées traditionnelles, présences mystérieuses – âmes défuntes, fantômes et autres apparitions – respectées dans des approches qualifiées de mystiques.

Je me souviens de la joie et des couleurs des cimetières mexicains où les familles se promènent, déambulent, mangent, boivent, dansent, chantent, jouent le plus naturellement possible et quotidiennement. Cela semblait tentant d'y être enterrée en gardant finalement une place de choix – certes passive – dans le monde des vivants.

Le pharaon partait en famille, avec des réserves, momie de grande beauté, tout sarcophage dehors, dans sa pyramide. Loin de moi le rêve d'un tel destin, mais en tous cas, il préparait de son vivant sa mort, en choisissant, à défaut du moment, le confort de son au-delà.

Dans ma famille corse autrefois, on pleurait vraiment, on veillait ses morts, on fleurissait leurs tombes, on les visitait. Ce qui n'empêchait pas de se pourrir la vie à coups de drames terrestres.

En un siècle, la mort n'a plus fait globalement partie de nos vies officielles

Cette familiarité, cette proximité de la mort n'a plus été universelle. À croire qu'elle n'existait plus, ou que nous devenions éternels.

Bien sûr, je ne généralise pas, certains n'ont pas totalement ou individuellement abandonné l'accompagnement de leurs morts. Mais la mort est effacée de nos esprits, de nos pensées, ainsi qu'une bonne partie de nos pratiques spirituelles sur l'autel de l'Immédiat, dans le temple du Bien-être et selon la loi du Consommable, dans une société viscéralement matérielle, terriblement primaire et aseptisée.

Nous ne parlons plus jamais de la mort et de ce qui fâche

Pourtant, parler de la mort ne tue pas ! Cela fait une cinquantaine d'années que nous demeurons étrangement silencieux sur le sujet, discrets sur nos questionnements ou nos sentiments. Elle ne fait plus partie de notre éducation de base. Comme si évoquer la camarde allait nous tuer, brutalement, en attirant son attention sur nous, en nous révélant à elle. Pas vus, pas pris. Comme si l'ignorer était une façon de l'éviter, de l'occulter.

Le langage le reflète. Curieuse idée de nommer assurance-vie celle qui s'exerce à notre décès. On dit soins palliatifs, palliatifs

« Comme si la mort
était une maladie
contagieuse,
nous ne la visitons
pas ou de loin,
avec le maximum
de précautions.
Et rarement. »

à quoi ? Certainement pas à la mort. On dit grand départ, on dit disparition, on dit qu'il ou elle nous a quittés. Nous tournons autour du pot. Le plus loin possible.

La vue d'un défunt développe chez certains une peur incontrôlable de s'imaginer à sa place

Comme vous, je connais des gens qui ne peuvent supporter l'idée de voir un défunt. Personnellement, je crois que c'est une visite très intime, un peu comme de prendre une douche avec quelqu'un, et je confesse que je ne me vois pas bien rendre ce dernier hommage à d'autres que de très proches.

Pourtant, la maladie et l'agonie sont autrement plus compliquées à voir en face qu'un mort dans son enveloppe finale. Connaissez-vous quelqu'un qu'un mourant ait saisi et emporté avec lui dans la tombe ? Une visite au cimetière, si déplaisante qu'elle vous paraisse, vous a-t-elle inoculé un virus fatal ? Non, n'est-ce pas.

> Je me souviens de la mort de mon père, un vieux monsieur de 92 ans, qui, d'élancé, était devenu squelettique avec l'âge. Il a été renversé par un chien joueur et sauteur, sa Parque [1] à lui. Col du fémur cassé, il décéda pendant l'opération. J'étais si habituée à contrôler mes émotions que lorsqu'on

1. Les Parques, divinités mythiques qui accompagnent l'homme de sa naissance à sa mort et tranchent le destin : https://fr.wikipedia.org/wiki/Parques.

« Des
enterrements,
on ne retient
finalement
que les repas.
C'est pourtant
un moment fort
dans le grand récit
de la vie. »

m'annonça sa mort, j'étais à mon bureau, en réunion avec un visiteur. Je m'en excusai – pas professionnel d'empiéter sur un rendez-vous – et je continuai sans moufter notre discussion, sous l'œil perplexe de mon vis-à-vis. Incapable de prendre soin de moi et de revendiquer ma peine. Je savais aussi que je n'avais personne pour me prendre dans ses bras. Tenir était encore une fois ma protection.
J'étais descendue le revoir une dernière fois pour son enterrement à Biarritz avec mes deux filles âgées de 5 ans. Qui jouaient allègrement dans la cour de la morgue – qu'on nomme plus poliment le funérarium. Posant ces questions qui nous dérangent sur leur grand-père, elles me dirent : « Donc il est tombé, il est mort, il est en morceaux. » Pas terrible comme souvenir que l'image d'un grand-père explosé, fragmenté. Je venais de le voir, serein, endormi sur son linceul, plutôt plus beau qu'à l'ordinaire. La seule vision choquante était une loupiote électrique atroce qui se voulait cierge et réconfortante. Impulsivement, j'ai pris mes filles par les mains et on a filé voir papy sur son catafalque simplement.
Devant ma famille horrifiée. Elles en sont sorties guillerettes, assurant à tous qu'il allait bien. Si guillerettes que le lendemain, elles jouaient au ricochet, sous le regard bienveillant des hommes du cimetière d'Arcangues, toutes deux assises tranquillement au bord d'une tombe pendant la mise en terre.
Confiantes.

Nous avons tous ce rapport ambigu à la mort qui nous fascine et nous fait frémir à la fois

Cette projection, cette identification glaçante à un sort que nous fuyons et qui nous terrorise, elle ne nous sert pas. Notre capacité à nous effrayer, nous l'avons déjà rencontrée avec les pertes et les peines, précédemment évoquées. Elle atteint son paroxysme quand la perte, le disparu, le défunt, c'est nous, individu, personne d'autre que nous. C'est pour nous que nous tremblons.

Là, aucun de nous n'est prêt à jouer avec le feu. Quoi qu'il se passe, nous sommes tous d'accord pour jouer les prolongations, aussi longtemps que possible, dans cette existence, la seule dont nous soyons certains. Mais nous savons que cet espoir est vain. Sans comprendre que

> « Mourir n'est rien, c'est achever de naître. »
>
> SAVINIEN DE CYRANO DE BERGERAC[1]

Quand nous sommes KO debout, nous sommes terrifiés, nus, faibles et sans défense, réduits à notre essence : nous sommes vrais. Nous avons l'opportunité de re-naître sur nos cendres. C'est notre mi-temps pour jouer pleinement. C'est au fond du trou que je me suis trouvée. Un jour, nous le comprendrons, nous le comprenons.

---

1. https://fr.wikipedia.org/wiki/Savinien_de_Cyrano_de_Bergerac.

« La disparition de notre chair, de ce corps qui nous révèle au monde et que nous considérons comme l'essence de notre identité, le tabernacle de nos émotions, de nos ressentis, de notre intelligence et de notre ego, est terrorisante. »

Nos peurs fondamentales sont attachées à la préservation de l'espèce et à notre statut humain

Le déni de la mort commence par celui de la maladie et du handicap. Trois occasions, donc, liées à notre corps, à ne pas perdre de rencontrer le meilleur de nous-mêmes.

> Avec la maladie et le handicap, j'ai saisi pleinement la mesure de la terreur qui domine beaucoup d'entre nous quand notre corps est meurtri, brisé, déficient, diminué, mourant ou décédé et en passe de disparaître. Malade, affaiblie, j'ai tout fait, des années durant, avant mon opération, pour masquer mon état. À moi-même et aux autres. Comme si la distorsion de mon corps était honteuse, une tare que je ne pouvais assumer et qui allait entacher celle que je croyais être.

La société nous veut jeunes, beaux, sains, vigoureux, musclés, sportifs, élégants et en bonne santé. Nous faisons tout pour. Nous y croyons et nous voulons impérissables.

« Pourtant, c'est quand nous sommes renvoyés dans les cordes que se retrouvent, à la fois, nos peurs ancestrales, mais aussi l'opportunité de nos plus belles envolées. »

Rendre invisible la maladie, trahison initiale du corps et possible prélude d'une mort annoncée

On a honte d'être mal portants, et cette honte est toxique.

Pour corollaire, la société se croit en droit d'ostraciser les malades : pour leur bien, pour les protéger. C'est la vérité officielle et dicible.

Et aussi, pour s'en protéger, pour faire la peau à tout ce qui ne convient pas dans un monde de superlatifs, de succès apparents et ornementés, de performances acclamées, où rien n'est hors norme, si ce n'est éventuellement l'excellence. Une norme tout aussi perverse.

La maladie mentale, on n'en parle même pas, on la réduit, on la délègue illico à la camisole chimique ou à l'asile. Rien ne doit troubler la sérénité d'un monde structuré autour d'images d'Épinal les plus lisses possible.

La maladie, on peut éventuellement la vivre publiquement, en société, si elle est légère, passagère, gracieuse, de courte durée et pas dérangeante : une maladie circonstanciée, façon indemnités journalières, seule indulgence essentielle du système. Propre sur elle, ripolinée, kärchérisée par un bon géant en blanc, souriant et inflexible.

Vous ne performez plus, vous perdez droit de cité. Nous sommes alors conservés, nous les malades et affaiblis, à part dans un premier temps, incompris, démunis de valeurs et de désirs, hors cadre. On peut encore parfois vituler, mais vivre pleinement au sein de la société, rarement.

« Nous voulons tous appartenir aux élus, invulnérables et inaltérables longtemps. Ce clan des beaux, vivants, jeunes et en bonne santé qu'on met en vitrine. »

On nous exfiltre en tous cas : l'hôpital ou le confinement, de fait. Le confinement n'est pas un concept spécial 2020, il régit de nombreuses situations, notamment à l'hôpital. Nous n'avons pas découvert le confinement avec le Covid, nous en avons tous une longue connaissance, par des expériences personnelles ou collectives que nous avons parfois occultées.

Il existe un point commun à ces faiblesses que nous associons à la mort, aux maladies et handicaps, visibles et invisibles : elles ne sont pas acceptées. Nous ne les intégrons pas dans nos vies courantes, nous les rejetons avec leurs sujets.

Il n'y a que peu de regards bienveillants ou d'empathie à l'égard de ceux atteints dans leur corporalité

Le soin, le *care*, s'apprend, en effet, mais n'est pas naturel et inné chez l'homme. Et encore plus quand il se dit civilisé.

Pour certains, nous le savons, de telles « pertes de chances » sont simplement inconcevables, simplement parce que les reconnaître, c'est reconnaître qu'elles pourraient leur advenir. Du coup, franchement, sans nous en vouloir personnellement, ils préfèrent nous éviter. Nous, les peu bien portants, sommes éprouvants à fréquenter. En dehors de tout mimétisme, une crise de panique ou de mauvaise conscience pourrait leur gâcher leur tranquillité d'esprit et leur vision idyllique du monde.

« Mais les maladies
longue durée, rares,
orphelines, à récidive,
complexes, vilaines,
hors nomenclature
ou avant-goût
de notre mort,
passez votre
chemin du monde
des vivants. »

Je les comprends, vous les comprenez, nous nous comprenons. Ces zones d'ombre de l'individu ont été les miennes. Honnêtement, il y a dix ans, je n'étais déjà pas fière d'être souvent malade, donc je n'avais pas l'empathie universelle, ni particulière, pour ceux qui souffraient. Pour moi, être malade, moi ou l'autre, c'était rejoindre un monde à part. Aucune envie de m'en déclarer sociétaire. Ceux, proches et gravement malades, que j'aimais, je m'occupais d'eux avec tendresse, certes, mais une tendresse étroitement ciblée et contingentée. Il ne me serait pas non plus venu à l'esprit de visiter des inconnus dans les hôpitaux. Et si mes collègues disparaissaient quelques années pour longue maladie, je me contentais de leur souhaiter une fois pour toutes un bon rétablissement.

De même le handicap, je refusais, bien entendu, de voir le mien, encore balbutiant. Et pour celui des autres, je trouvais juste et acceptable la place que la société voulait bien leur concéder. Sur le côté, le bord de la route. Après tout, cela démontrait une certaine générosité sociale du système, suffisante, me semblait-il.

Puis j'ai rejoint le point de non-retour où maladie et handicap deviennent un quotidien, une part de votre identité et où une partie de votre vie est hors du commun. Là, mes yeux se sont dessillés.

En 2014, une fois paraplégique et bien handicapée, je ne me suis pas sentie d'abord tant délaissée que cela par la foultitude de collègues et de relations, voire de proches, qui disparurent illico corps et biens. Cela m'a peinée, mais semblé tellement normal.

« Restons
sages et discrets :
si on nous soigne,
c'est bien assez. »

Je fus plutôt surprise et immensément reconnaissante à ceux qui se déclarèrent avec persistance et une grande générosité à mes côtés. Qui m'honorèrent de leur amour et de leur présence. Étonnée qu'il reste tant de gens capables de plus d'humanité que moi.
Comprenant aussi parfaitement ceux qui eurent la franchise au moins de me dire que la maladie, l'hôpital, la paraplégie, ce n'était pas fait pour eux, pas leur kif, et qu'ils allaient m'oublier quelque temps. Normal. Je les revois aujourd'hui avec plaisir et sans état d'âme, ni acrimonie. J'ai été comme eux.

Le handicap physique, mon corps diminué, il a bien fallu les accepter

Je n'ai alors plus eu le choix. La question ne se posait plus de les intégrer et les assumer. Mon accident opératoire de 2014 m'a obligée à ouvrir les yeux à la réalité. Mon corps est devenu mon maître. C'est lui qui a décidé de ce que je pouvais faire ou ne plus faire. Quand, combien de temps. Défini là où j'avais désormais besoin d'aide : technique, mécanique, humaine.
J'ai, comme beaucoup de personnes handicapées, ressenti l'aumône qu'on me faisait ainsi le plus souvent. Avec gratitude au début, et assez vite avec colère.

« Je n'étais
plus personne,
plus une personne
à part entière,
autonome. J'étais
assistée : l'enfer est
dans les détails.
On savait pour moi
puisqu'on faisait
pour moi. »

On m'a expliqué très vite la faveur qu'on me faisait de m'aider, de m'assister et de m'organiser dans mes impuissances.
À moi de reconnaître, saluer et bénir cet effort. À moi d'admettre mon état et le poids social que j'étais devenue, et la chance inouïe que j'avais d'être bénéficiaire de ces assistances réglementées. À moi la douleur et la honte de devoir demander, insister et dépendre. À moi la tristesse d'être devenue ce que j'étais, cette chose subordonnée, marquée du sceau de l'invalidité, ayant perdu liberté et autonomie, entachée du péché de la non-conformité. Sans valeur.

Seule responsable, à bord de mon corps et m'en sentant coupable

Une transition difficile qui m'a ouvert ses horizons nouveaux, une nouvelle donne de mes croyances : qu'en était-il de ce que je pensais maîtriser ? de la célébration et de la sacralisation du corps ? de la domination de soi-même ? de l'idée même de liberté ?

Je suis partie sur un chemin escarpé qui m'a ouvert une nouvelle façon de vivre, mais surtout obligée à reconsidérer tout ce que je croyais acquis et aussi tout ce que je savais, ma lecture du monde.

« J'étais devenue une version
dégradée de qui je suis,
une demi-humaine,
une demi-femme. Lourde à vivre.
Qui ne gardait une demi-place
à la table commune que grâce
à la bonté d'âme
de la société. »

Il y a une vie après le handicap. Avec le handicap

Avant de vitupérer plus largement sur le handicap, j'ai découvert qu'on pouvait toujours trouver plus handicapé que soi. Et que ce n'était pas forcément ceux-là qui se plaignaient et gémissaient sur leur sort. Cela m'a fait relativiser, reprendre autrement les rênes de ma vie.

Plus tard, mes certitudes ont été encore plus ébranlées quand j'ai découvert que le handicap est un iceberg. Un iceberg, dont on ne perçoit que la partie visible, le handicap visible et ses efforts spectaculaires pour vivre quand même et s'adapter. On occulte le handicap invisible et c'est un autre débat.

Et bien sûr, cela n'arrive qu'aux autres.

Comme la maladie et le handicap, la mort peut nous tomber dessus sans crier gare. Mais, en effet, nous ne l'évoquions que rarement. Jusque récemment.

En 2020, la mort s'est rappelée à notre bon souvenir

Cette mort qui nous est tombée dessus, il y plus de deux ans, sans prévenir, inattendue, inconnue. Brutale. Générale. Elle nous a fait nous terrer, sonnés et dubitatifs, comme dans une mauvaise série de science-fiction.

Nous avons erré dans ce chaos qu'est devenu le monde où tous nos repères, même ceux que nous pensions immuables, ont disparu. Chacun a vécu la pandémie à sa porte, identique et différente, mais totalement déstabilisante pour tous, quelles qu'en soient les modalités. Nous avons été brinquebalés par l'information, la surinformation, la désinformation, l'information mensongère, la confusion et les propagandes de tous bords jusqu'à en perdre la raison. Nous avons avalé les assertions les plus péremptoires, des vérités absolues qui se sont révélées inexactes, parfois mensongères, infondées, contradictoires, polémiques, viciées, dévoyées, douteuses. Nous avons été assaillis de conseils et d'ordres, d'instructions et d'explications jusqu'à en vomir.

Juste vomir la saturation de soi-disant experts, et ce balancier épuisant du tout au rien, du blanc et du noir, de vrais mensonges et de fausses vérités.

Au nom de tant de factions qui ne nous veulent officiellement que du bien et s'entretuent – grand bien leur fasse –, mais en nous déchiquetant par petits morceaux entre-temps.

Nous sommes devenus les objets et les victimes de ce grand cirque. Nous y laissons la raison.

La matière première, enjeu de toutes ces églises, ces écoles, ces campagnes, c'est nous

Le Covid, une partie de poker menteur à l'échelle de la planète.

Nous qui taisions les maladies, cela fait deux ans que nous ne parlons que d'elles, de cette menace sans cesse renouvelée, récupérée et réécrite dans ses moindres détails, dont la véracité

« Plus nocifs
que le virus lui-même
finalement :
les dégâts d'idées. »

est sujette à caution. La maladie est désormais au centre de nos vies, inversion des priorités, somme toute, aussi excessive ou coup violent du destin pour nous réaligner. Nous pensions le handicap un terrain compliqué, limité et étranger : nombre d'entre nous sortent vrillés de ces comas longs, de ces intubations, de ces sédations apocalyptiques et le découvrent au sortir de l'hôpital. D'autres marqués par la peur ou l'absence des soins autres et urgents nécessaires ne sont guère en meilleur état. Bref, c'est notre monde qui est à la fois malade, déphasé, handicapé et à l'agonie. Balle au centre pour le monde.

Nous gardions enfermées, privées et discrètes les agonies. Nous vivons désormais l'agonie publique du monde d'avant : agonies de la vie affective, amicale, sociale, économique et culturelle, dans leurs dimensions les plus primaires.

Ce qui semblait naturel et acquis ne l'est plus. On ne s'est plus vus, on ne s'est plus regardés, on n'est plus sortis. Ou masqués, et dans les cadres autorisés.

Aucun d'entre nous ne pouvait imaginer un truc pareil. Franchement, on aurait enfermé sous lithium quiconque nous aurait prédit ce que nous avons vécu.

Interdictions de bouger, de s'étreindre, de choisir, de se respirer, de se sentir, c'est juste, certes insupportable et corrosif, mais inimaginable et contre nature.

Les moments les plus sacrés – naissance, jeunesse, union, vieillesse, décès – ont été bafoués, les balises de la vie ont été interdites d'accès, les libertés que nous croyions acquises – sans prendre parti de fond sur la validité de les supprimer ou de les avoir mises en veilleuse – se sont juste évaporées sur l'intégralité de la planète. Les hommes ont été calfeutrés chez eux, les frontières fermées, les usines arrêtées, le commerce anéanti,

« C’est la règle
du vivant la plus
forte : dès la
naissance, l’apoptose,
disparition
de nos cellules,
est programmée.
Le compte à rebours.
Et cela ne va pas
en s’arrangeant. »

le travail réduit ou stoppé, les transports bloqués, les vieux parqués, les morts entassés, les soins arrêtés, les enfants rendus à leurs parents, les visages masqués et les mains aseptisées en permanence. Entre autres.

Et en dehors de tout débat, *a minima*, nous avons été confrontés à la mort concrète de plus de 6 millions d'individus, attribuée au Covid-19, depuis le début de la pandémie. Alors oui, nous ne sommes pas éternels.

Nous sommes mortels. Une évidence, désormais. Cette pandémie a prouvé, si nécessaire, qu'il nous faut intégrer la mort dans nos vies.

La mort n'est pas livrée en option à la naissance

Elle doit être intégrée dans nos vies. La biologie de base est claire sur ce point.

Nous ne pouvons plus, nous ne devons plus l'oublier.

« Car cela démontre clairement
quelque chose de magnifique :
le renouvellement est notre
programme. Nous sommes
éphémères. Le sens de nos vies,
notre "Je suis" : éphémères
aussi ! Mais magnifiques,
paradoxalement, parce
que fragiles et vulnérables. »

Les cailloux blancs

- C'est quand nous sommes renvoyés dans les cordes que se retrouvent, à la fois, nos peurs ancestrales, mais aussi l'opportunité de nos plus belles envolées.

- Le déni de la mort commence par celui de la maladie et du handicap.

- Comme la maladie et le handicap, la mort peut nous tomber dessus sans crier gare.

- La matière première, enjeu de toutes ces églises, ces écoles, ces campagnes, c'est nous.

- Le renouvellement est notre programme.

- Nous sommes éphémères. Vulnérables et magnifiques.

8

ÉPHÉMÈRES ET MAGNIFIQUES

Un raz de marée.

Après notre disparition, de nos cendres renaît la partie de nous-mêmes que nous espérions tant.

Tri et nettoyage

Pour redonner toute leur dimension à nos vies, pour prendre notre place et retrouver notre vitalité, nous avons besoin de nous aligner et de nous alléger.

Parce que nos identités sociales, convenues, transitoires et, de fait, provisoires, sont, et nous le savons bien, encombrées de scories. Les scories des interprétations et soumissions abusives que nous avons accepté de vivre : cette panoplie d'injonctions, de suggestions, de projections, d'illusions et de sujétions qui nous a déformés et formés et qui, la première, s'effondre quand nous rencontrons notre splendeur. Mais assez parlé d'elle.

Nous entamons le grand ménage indispensable d'une ribambelle inutile de possessions, de croyances, d'ambitions, de dépendances, de loyautés et de liens qui s'accrochent à nous comme des ventouses et défendent coriacement leurs peaux devant le changement de notre paysage intérieur et extérieur.

Alors il faut trier, à la hache parfois.

« Le jour où
tout s'effondre,
c'est juste formidable
et inattendu. Et assez
poétique. Souvent
inespéré, très souvent
inconscient.
Rarement
volontaire. »

Avons-nous besoin de tout cela ?

Avons-nous besoin de tant de choses, de partir si loin, si souvent, d'accumuler tant d'objets et de sujets ? Avons-nous besoin de tant de regards des autres, de tant de relations glorifiantes et factices, avons-nous besoin de tant d'approbations ? Avons-nous besoin d'être entourés en permanence de tant d'« amis » ? Avons-nous besoin de parader et de briller ? Avons-nous besoin d'accumuler et de posséder ? de thésauriser ? Avons-nous besoin de maintenir ce qui est dépassé, ce bout de vie terminé, cette expérience vidée de sens et qui ne nous va plus ? Avons-nous besoin d'étaler notre passé, nos diplômes, notre position sociale ? Avons-nous besoin de prétendre, avons-nous besoin de donner l'impression, avons-nous besoin d'obtenir ?

Gros tri pour ne garder que ce qui nous est essence, essentiel

Peut-être garder quelques envies enfantines, quelques réflexes d'antan, respecter quelques nostalgies, un temps durant. Ne pas nous en priver si les lâcher est trop douloureux, ou prématuré.

Mais globalement, faire le tri. Passer tout au tamis le plus intransigeant, tout ce que je crois être moi. Pour ne garder que ce dont j'ai vraiment besoin pour être Soi, moi-même : seul et véritable besoin vital dans un monde fini et limité.

« Prendre soin
de soi, d'un soi
parfait et imparfait.
Le reste viendra
de surcroît. »

Pour être qui je suis vraiment, je lâche, je vide, je me vide

Alors, j'ai lâché la réussite dans le monde des affaires, les gros moyens financiers et le pouvoir de faire et défaire des mondes dans leur économie. J'ai lâché le monde de l'entreprise, ma carrière. J'ai lâché un salaire et un train de vie où je pouvais offrir aux miens et à d'autres des voyages, des dîners fins, des cadeaux somptueux, des fêtes grandioses. J'ai lâché ce avec quoi je m'illustrais, des images que je croyais faire ma force et les remplissages illustrés de mon vide : appartenance à des cercles et des associations valorisants, adoption des codes vestimentaires les plus poussés avec un renouvellement impératif et frénétique, les concentrés de voyage dans des lieux prédigérés et adaptés à ma soif d'exceptionnel en version rapide et renouvelée.
J'ai lâché le « trop » : trop de maisons, trop de sorties, trop d'ornements, trop de monde, trop d'excitants, trop vite, trop de tout. L'obsession, l'excès, le consommable immédiatement périmés. J'ai lâché ces choses qui ne me convenaient plus, ces choses que je ne désirais pas vraiment, mais qu'on m'avait déclarées indispensables.
Je me suis apaisée.

Une modélisation tyrannique du succès. C'est ce que beaucoup d'entre nous vivent. On évacue l'illusoire et le superflu. On ouvre les yeux sur les disparités, et donc les injustices. On reconnaît notre surconsommation et ses dommages pour notre

« Il nous faut lâcher un uniforme culturel et une culture uniforme. »

monde et son avenir. On trie. Et là encore, c'est un tri bien progressif et sélectif, on commence par trier ce qui nous coûte le moins de ne plus désirer et posséder. Ce, aussi, qui s'est révélé nocif et nuisible à notre équilibre profond, ces contraintes qui nous ont laminés et que nous avons dû payer, d'une manière ou d'une autre, au prix fort de nos valeurs oubliées et du risque de crever.

Et au fur et à mesure que nous nous allégeons, on découvre d'autres changements nécessaires, d'autres illogismes, d'autres incohérences, une nouvelle couche de conscience. Puis une autre.

Des couches successives de tri dans les profondeurs, dans toutes les dimensions de nos vies

Je, nous ne pouvons plus rester dans l'éther d'un métavers, d'un univers parallèle à la vie.

C'est pour cela qu'être mortels et éphémères, et se l'avouer, change nos priorités. Nous décidons de donner un éclairage authentique et cru à l'importance et la préciosité de nos vies. À ce que nous en faisons et de quoi nous les remplissons pour qu'elles soient belles, joyeuses, choisies.

« Choisies », désormais.

Pour qu'elles aient un sens, une authenticité. Pour qu'elles soient fécondes. Pour que nos vies soient notre chef-d'œuvre et notre flamme. Dans ce Temps dont nous acceptons la

« Comme vous probablement,
je me suis rendu compte que
je n'avais pas deux existences
bien distinctes : en miroir
et dans leurs troubles, nos vies
personnelles et professionnelles
se répondent. Elles se font
écho et souffrent des mêmes
maladies, des mêmes névroses,
dans une infinie mascarade et
appauvries de toute étincelle.
Nos existences mortifères
se sont transformées en arme
de destruction de nos âmes. »

marche et la main sur nous et où s'inscrit notre passage dans la grande histoire de l'humanité, nous pouvons et voulons vivre animés, incarnés pleinement : vivant chaque seconde comme la dernière, la choisissant vibrante et lumineuse et la dégustant avec gratitude.

Magnificence de l'éphémère et de l'Être

Nous n'avons pas de plan B, ni la possibilité de recommencer la partie en gamers avertis. Non, notre vie, c'est ou le crash ou la plénitude. Nous ne pouvons plus nous gonfler à l'hélium. Les bibendums que nous étions devenus se vident inéluctablement. Aujourd'hui. Vous et moi.

Nous étions en surpoids, nous retrouvons une forme, notre forme. Vraiment différente. Apaisée, apaisante, subtile, intelligente, sensible, magique.

Immanente. Divine. Les œillères tombent, la vision se magnifie.

J'ai reconnu mon âge différemment, sans peur, pas comme une menace ou un couperet. Et je l'assume comme un atout, pas une blessure, pas une fatalité.

Dans un temps de paix. Parce que l'âge ouvre à d'autres plans de conscience et de sagesse.

J'ai aussi reconnu mon désir de femme, qui ne s'exprime pas dans une guerre de séduction, de possessions et d'invasions de l'autre, mais dans la douceur d'être autrement. Sincèrement ensemble, sans mensonges, masques et autres tromperies. Sans les excès de la fusion, ni le mépris de la soumission, ni

« Nous ne pouvons continuer à crever, tout en sachant qu'on va mourir un jour. »

la violence des abus. Respectée et respectueuse dans des différences fécondes et des proximités justes. Engagée. Pas une guerre des sexes, mais une rencontre magnifique d'êtres autonomes et complémentaires, associés à parité dans le meilleur de chacun.

J'ai reconnu mon corps, dans son désarroi et la perte de ses capacités, mais intact dans sa présence au monde. Transformé. Nous nous épaulons, complices et apaisés dans l'œuvre du temps. Désormais amis, nous prenons soin l'un de l'autre. J'en aime l'imperfection et la vulnérabilité, je ne crois plus devoir ou pouvoir lui imposer ma dictature du socialement correct, ni des altérations et violations contraires à son respect et à son équilibre. Il n'est plus soumis aux diktats de la mode, du jeunisme ou du bon genre.

J'ai reconnu que je n'appartiens à personne

Que je ne participe d'aucune obédience. Bien que je me sache poussière d'étoile dans le milliard d'étoiles de l'univers.

Et parce que je n'entre dans un aucun moule préformaté.

C'est mon histoire, ma découverte, mon aventure, ma vie. Je ne m'étais instinctivement pas reconnue à l'époque dans l'enfant soumise aux règles de ses parents et des convenances. Même si je reconnais leur être aussi redevable.

Je ne me retrouve certes plus dans l'esclave de cette seule ambition de réussir qui m'a animée longtemps. Quelque gratitude que j'aie pour elle. Je ne me reconnais plus en celle qu'on

« Parce que l'âge, allié redouté
et tardif, nous libère d'autres
jougs et nous offre un cocon
de possibilités inconnues
dans un univers libéré des vanités.
Dans une vraie puissance
éclairée que je ne confonds
plus avec la force. »

a supposée éternellement forte et indestructible. Celle qui ne doit rien demander, rien espérer, qui ne vaut rien et qui ne doit pas attendre de réciprocité, d'amour, d'empathie, de respect et surtout de tendresse et d'attention. Je sais sa souffrance et je la berce de ses peines que nul ne veut encore entendre. Je sais que cette guerrière est une illusion. Un leurre qui permet à ceux qui confondent force et puissance, et qui n'ont pas le courage de me reconnaître pour celle que je suis, de se donner bonne conscience et de ne pas me respecter. Je la remercie de m'avoir protégée. Mais je sais aussi qu'elle s'est révélée *in fine* incapable de me révéler, de me défaire d'une liberté conditionnelle castratrice.

Je ne me reconnais plus en victime, subissant les reproches, s'immolant au plaisir de l'autre, au désir de l'autre, servante du confort des autres, de la satisfaction de leurs besoins et de la réalisation de leurs rêves. Je ne veux plus faire semblant pour satisfaire à la tranquillité de leurs esprits, pour préempter leurs plaisirs, ni concourir à leurs exploits. Je me répare de ma solitude, des abandons et des abus.

Je me sais mortelle, fragile, vulnérable, éphémère, et je me déclare pour telle.

Magnifique, comme vous

En effet, avec ces tris effectués pour partie, et encore en cours pour d'autres, je nettoie complètement les écuries de ce mal-être qui reposait comme une chape sur moi. Blessures d'abandon et hypersensibilité chez moi.

« Parce que
je ne peux appartenir
à personne d'autre
qu'à moi-même,
quoi qu'on m'ait
donné à croire. »

Aucun d'entre nous n'est, *a priori*, dispensé d'un tel travail s'il veut à son dernier jour partir avec légèreté et grâce, et confiance dans la justesse de son existence. Mourir vivant.

Nettoyage par le vide, d'abord. Vider le trop-plein et commencer à remplir un panier choisi de joie, de beauté et d'amour. Pour construire et léguer un souffle exceptionnel. Mourir libre.

Et ensuite bâtir notre demeure en nous-mêmes, notre Être, notre « Je suis », la plénitude de notre courte vie. Mourir complètement incarné. À un autre monde.

Nous sommes éphémères

Le sens de nos vies et notre « Je suis » : éphémères aussi ! Une grande chance de créer quelque chose de rare, d'unique et de magnifique.

Oui, je suis puissante et vulnérable. Car si je maîtrise certains aspects de ma vie, si j'ai des marges de manœuvre d'une richesse inouïe, je ne contrôle pas ma mort, pas plus que ma vie.

Par contre, je peux les dessiner, leur donner une forme, un sens. Les dessiner sublimement.

« Ma nouvelle histoire sans fin, sans début également, en réalité. »

Me redessiner

C'est ainsi que cela a commencé. En 2014, j'ai été dézinguée, déchirée par un accident opératoire. Mais par cette déchirure, je suis née à ma vie.

> Je vais vous rappeler un petit truc en matière d'illusions, quand on m'a réveillée alors, à 60 ans, de cet accident opératoire, on m'a dit : « Vous ne remarcherez jamais plus ! » Fini : plus mère, plus épouse, plus femme active, plus personne, plus rien. Les autres me l'ont assené : mon ticket n'était plus valable. Au fond du trou, alitée, incapable, invalide, assistée, dépendante, bonne à rien. Vieille en plus. À déposer dans un coin de non-vie, devant la télé, à côté des plantes vertes. Doublement invisible, par l'âge, déjà, et encore plus par le handicap.

J'étais devenue invisible, exfiltrée de la société

Ce dessin-là, ce destin-là, je ne les ai pas acceptés, je ne les ai pas laissés me définir.

Paradoxalement, cette déchirure, cette annihilation a été ma chance, comme vous avez la vôtre, de réenchanter ma vie et de renaître à moi. Différente et magnifiée. Repoussant les frontières du possible et accouchant d'une vie nouvelle, telle que nul n'imaginait.

« Nous sommes
magnifiques,
paradoxalement,
parce que
nous sommes fragiles
et vulnérables. »

Une nouvelle vie qui, pour autant, n'a pas été toujours fluide et sans anicroches. Je ne vais pas vous raconter là, tout de suite, ma rééducation, mon redressement moral et physique, mes deuils et mes choix, ni vous dire combien je peux souffrir ou tomber. Mais au-delà de circonstances indéniablement difficiles, ma renaissance m'émerveille chaque jour. Je la vois, je la vis. Elle est magique. Elle m'émerveille. Elle accroît chaque jour mon besoin de vérité et ma plénitude. Et cette plénitude s'accroît et s'amplifie simplement, avec fluidité, en permanence. Harmonieusement et sans efforts.

Ce que je veux vous dire dès à présent, c'est qu'en mobilisant ce qu'il y a de plus intime chez nous, en acceptant ce qui ne peut être changé, en développant tout ce qui ne demandait qu'à éclore et en nous respectant, contrairement à ce que prédisent les pisse-froid normatifs et frileux, rien n'est impossible !

Je suis « bien plus » ! Vous aussi

Je suis debout, je marche – à ma façon, je me tiens désormais debout et je mets lentement un pied devant l'autre, avec un équilibre fragile, accrochée à mes cannes –, je suis écrivaine. Je raconte des « histoires » qui parlent au cœur des gens. Je suis connectée avec toutes sortes de personnes, à qui mon respect de moi, mon authenticité sans fard et mes forces vitales font juste du bien.

Il nous faut du temps et des épreuves parfois, l'effondrement. Il nous faut souvent une Épreuve pour comprendre qui nous sommes et nous aimer tels que nous sommes. Et pouvoir désormais accepter l'autre et l'aimer pour lui-même tel qu'il est.

« Cette cape d'invisibilité était un leurre sur lequel je n'ai eu qu'à souffler pour le pulvériser. »

Les cailloux blancs

- Avons-nous besoin de tant de choses, de partir si loin, si souvent, d'accumuler tant d'objets et de sujets ?
- Il nous faut lâcher un uniforme culturel et une culture uniforme.
- En miroir et dans leurs troubles, nos vies personnelles et professionnelles se répondent.
- Être mortels et éphémères, et se l'avouer, donne un vrai éclairage à l'importance et la préciosité de nos vies.
- L'âge ouvre à d'autres plans de conscience et de sagesse.
- Je ne peux appartenir à personne d'autre qu'à moi-même, quoi qu'on m'ait donné à croire.
- Vider le trop-plein et commencer à remplir un panier choisi de joie, de beauté et d'amour.
- Nous sommes magnifiques, paradoxalement, parce que nous sommes fragiles et vulnérables.
- En acceptant ce qui ne peut être changé, en développant tout ce qui ne demandait qu'à éclore et en nous respectant, rien n'est impossible !
- Il nous faut souvent une Épreuve pour comprendre qui nous sommes et nous aimer tels que nous sommes.

9

PETIT RAPPEL SUR LES ILLUSIONS DU MONDE

Tout reste heureusement possible dans la partie d'échecs de nos vies, jusqu'au dernier coup. Rien n'est joué, tout peut changer.

> « Tant que la partie n'est pas terminée, il reste de jolis coups à jouer. »

Cette maxime devrait être gravée aux frontons des maternelles. Parce qu'en deçà des convictions spirituelles plus éthériques, cette façon très positive, optimiste et ludique de Cyrulnik de considérer la vie – tant que notre temps demeure – comme un potentiel infini et magnifique d'opportunités, nous offre la chance de rester engagés, vivants et acteurs de nos existences jusqu'à notre dernier souffle. Elle n'élabore pas en cet instant de discussions à l'infini sur le bien et le mal, sur l'inné et l'acquis, sur la réussite et l'échec et sur le pourquoi du comment. Elle dit juste, elle aussi, à sa manière que « l'important c'est de participer »[1] ! *Ad vitam æternam*. Et elle nous laisse entrevoir la qualité et l'importance du Jeu en Soi, de l'action, de la possibilité du devenir en gestation et souverain.

1. Citation de Pierre de Coubertin.

Un devenir sans limites en lieu et place d'un avenir hypothétique et restrictif

Oui, les premiers coups ont été importants, déterminants un moment. Mais ils ne sont pas décisifs, pas définitifs, pas réducteurs. Ils ont donné une orientation, mais ne figent pas le jeu.

J'en suis convaincue.

Et c'est pour cela que ces derniers coups à jouer, qui ne sont pas faciles pour autant, sont pour moi les plus fascinants. Les plus libres. Les plus vibrants.

Nos derniers coups sont des coups de maîtres

Ils s'ancrent sur l'expérience et sur la connaissance et requièrent intuition, intelligence, courage et bonne fortune. Ils sont joués, toutes croyances épuisées et abandonnées, mais avec la foi la plus absolue. Une foi en soi qui sait déplacer les montagnes. Le goût de vivre.

Avant de les jouer, nous commençons par douter, par tordre nos certitudes dans tous les sens, par envisager toutes les possibilités les plus contraires, par sacrifier des pions, par tester nos émotions et notre instinct. Puis nous acceptons la donne, nous prenons nos risques et nous misons tout. Parfois, nous perdons ce que nous voulions gagner ou nous gagnons ce que nous pensions perdre. Étonnamment.

« Tout reste
incertain
et donc possible
sur l'échiquier
de la vie. »

« Quand nous décidons
de les jouer, ce qui fait
le sel de ces coups, de cette
presque ultime expérience,
c'est que nous y prenons plaisir,
que nous nous y engageons
totalement, que nous la vivons
passionnément. »

Et qu'elle se diffuse en nous et nous irradie. À tel point que nous découvrons qu'elle existait en nous déjà depuis longtemps, qu'elle attendait juste, silencieuse, tapie mais confiante, que nous lui ouvrions la porte du fond de notre cœur. Avant de se réaliser, elle préexiste.

Ces derniers coups sont magiques. Magnétiques, ils vont enclencher en cascade des libérations et des avancées. Et rien au monde ne nous permettait d'en augurer. Nous les ignorions pour la plupart d'entre nous. Parfois, notre inconscient en avait eu une révélation gardée secrète.

Moi en tous cas, je ne les ai jamais imaginés. Je n'ai jamais osé les penser disponibles, bienveillants, n'attendant que ma main pour pousser la porte et jeter les dés.

Nos derniers coups ne peuvent, en aucun cas, cohabiter avec les illusions du monde d'avant

Nous nous étions castrés, autocensurés, stérilisés.

En ne nous soumettant plus à des règles imposées, en remettant avec audace nos pions en jeu, dans le jeu, nous changeons des pénalités en atouts, nous ouvrons, nous nous ouvrons à la surprise, à l'inattendu, à l'imprévu et à l'imprévisible. À l'inconnu.

Sans œillères, notre vision change. Sans peur, la parole des autres n'est plus d'Évangile. Avec un verbe libre et libéré, c'est une langue nouvelle que nous parlons. Et la peur ne susurre plus à nos oreilles. Et c'est notre monde qui tout entier bascule avec nous, chamboulé.

Ainsi le temps, qui se compte et qui nous est compté, et qui nous semblait immuable

J'en veux pour exemple le temps ! Nous l'avons cru défini, donné, difficilement questionnable, mais regardez ce qu'il devient dès que nous faisons la paix avec lui. Auparavant, j'étais persuadée, nous étions persuadés qu'il n'y avait pas une minute à perdre, et cette conviction a structuré une bonne partie de nos existences : le temps est rare et précieux. Il faut l'occuper, le raccourcir, le comptabiliser, le rentabiliser. Il a un coût, il a un prix, il est mesuré et fini. On vivait une course contre la montre. Il fallait aller vite, faire vite, gagner du temps, travailler plus longtemps pour enfin vivre.

Pourtant, il m'a fallu du temps, tant de temps pour simplement vivre ma vie. Et paradoxalement, pour arriver à être aujourd'hui celle que je suis, il m'a fallu si longtemps que c'est juste inimaginable et que le ratio qualité/temps de mon existence fut de fait, en apparence, peu performant. J'ai traîné en route. J'ai perdu du temps à vouloir en gagner, j'ai mis du temps à me trouver.

Le temps : quelle en serait la mesure exacte, la référence absolue, la formule indubitable ? Franchement, ni vous ni moi n'en avons encore la moindre idée. Peut-être en aurons-nous l'illumination quand le temps sera venu de ne plus en avoir, ou simplement n'existe-t-il aucune balance qui pèse la validité et la plénitude de notre temps.

En même temps, sur le temps, on m'a dit tant de choses

Que j'étais trop jeune, fort longtemps. Trop petite pour savoir, sortir, choisir, décider. Puis trop jeune pour connaître, demander, vouloir, pouvoir, prétendre. Et que par conséquent, il fallait attendre mon tour, qui viendrait avec le temps, l'âge, l'expérience. Quand le temps et la bise seraient venus. Après ceux dont c'était le temps – le leur, pas le mien. Quand on aurait du temps pour moi. Tic tac, tic tac. Que c'était trop tôt, pas le moment. Que cela viendrait, un jour, on ne sait quand. Quand ce serait mon temps. On n'est pas pressé : « Tu as le temps. » On en a profité également pour me susurrer : « Tiens-toi tranquille, marche dans les clous, dis s'il te plaît et merci. » Cela va bien ensemble, apparemment, c'était dans l'air du temps. On m'a dit, c'est pour demain ou après-demain. En tous les cas, bientôt. On a continué longtemps à me faire croire que ce serait mieux demain. C'était certain.

Et un jour, on a commencé à me dire, c'est un peu tard. On aurait bien aimé. Mais le temps a passé, le temps est passé. En fait, « tu es dans le passé, tu es passée, ton temps s'est écoulé ». On n'a plus de temps pour toi. C'est bien trop tard. C'est fini, c'est fini pour toi. Ce n'est plus le moment. Ce n'est plus possible. Trop âgée.

« C’est nul et idiot,
l’âge ne saurait
être un permis
de vivre, ni à 18 ans,
ni à 100 ans.
Nous nous sommes
fait tous piéger
par cette affabulation,
cette illusion
imposée. »

Le droit d'exister n'est pas fonction de l'âge

De beaucoup d'entre nous, ces injonctions contradictoires ont scellé le sort. Elles ont jeté sur nous cette fameuse cape d'invisibilité de l'âge qui tombe sur ceux que l'on expulse arbitrairement d'une communauté, ainsi, à une date anniversaire, que personne n'est en mesure de leur expliquer, ni leur justifier. Une date d'expulsion de la société qui ne tient à aucune vérité ou nécessité, si ce n'est le pouvoir et le plaisir de bannir, d'annihiler d'une société devenue excluante, vorace et malade. C'est comme ça : on est mis au placard, hors circuit. Votre moment est terminé, parfois même avant d'avoir commencé. Vous et nous ne correspondons plus à la tendance, à la mode, au modèle dominant.

Nous sommes mis au rebut : déchets humains.

Les capes d'invisibilité, d'inattractivité, de non-employabilité, de non-droit, de péremption tombent sur chacun d'entre nous

Trop vieux, trop vieille, trop tard, plus performant, plus apte, dépassé, démodé, différent, exclus. À un moment ou un autre, au moment où un « on » funeste nous débarque, respirant encore, dans un univers de non-vie.

« Un moment avant, c'était
bon, un moment après, nous ne
sommes plus rien.
Ces capes d'invisibilité
qui dévastent depuis toujours
des sous-humains, quand
une majorité les catalogue
ainsi, quand d'autres humains
un jour les décrètent pour
tels et les chassent de leurs
champs visuel et émotionnel
pour les parquer, les réduire au
silence, les ignorer à jamais. »

Cette cape d'invisibilité jetée sur la différence

Toutes les différences, et cela depuis la nuit des temps. L'homme est souvent un loup pour l'homme. Désormais, aussi au nom du temps qui passe. Sans valeur dans la société du jeunisme exacerbé, de la performance absolue.

Alors vous imaginez pour moi, handicapée, 60 ans en 2015, ayant perdu toute attractivité sociale, toute légitimité familiale, toute relation amicale et amoureuse et tout attrait. Personnellement, avec ce que je connaissais de ce monde, je n'aurais pas vraiment misé sur un canasson aussi pourri que moi.

Quoi, il faut voir les choses en face ! Mon ticket n'était plus valable, et d'ailleurs, il n'y avait plus de ticket. Exfiltrée de la société, j'étais déclarée inapte, assistée et inutile avec la peine maximum. Femme et citoyenne de deuxième catégorie.

J'ai alors changé ma relation au temps et cela a bouleversé le plateau de jeu tout entier. Quoi que le monde puisse prétendre, nous avons tous la capacité de le dynamiter, de faire exploser les portes de prison. Dynamiter notamment le temps pour de bon et pour toujours. Prendre le temps.

Une déchirure dont je n'ai pas maîtrisé le tempo. Une déflagration salutaire. À un moment, la vitesse, la rapidité, l'immédiateté n'ont plus cadencé ma vie.

Hors-jeu un instant, mais nouvelle donne

Me retrouvant, pour un temps indéfini, qui pouvait aller de quelques mois à une durée quasi éternelle, sortie de mon monde et enfermée dans une chambre d'hôpital, je n'ai plus eu d'avenir, de demain entre les mains. Plus d'immédiat. Mais plus d'ultimatum, de dates butoirs, d'impératifs, de délais, de clôtures non plus. Plus personne ne m'espérait, ne m'attendait, n'attendait de moi, ne croyait en moi, je n'avais devant moi qu'une page brumeuse, vide et vierge.
On me faisait la grâce de me garder en vie, c'était déjà remarquable ! Parquée, immobile et paralysée dans un lit d'hôpital, je n'étais plus le maître de mon temps qui s'écoulait désormais en toute lenteur. La régularité et la temporalité des quelques repères et points fixes – qui me furent imposés – étaient elles-mêmes floues et mobiles, diluées dans des jours sans fin. Imposés aussi par ma fatigue, ma convalescence et mes contraintes physiques. Préfiguration ou entraînement avancé à ce que la société appelle vieillesse et considère dès lors comme une fin de vie improductive et insignifiante.
Imposés aussi par les règles de l'univers réglementé et carcéral qu'est l'hôpital : cadre violentant d'horaires de repas, d'heures de soins, des changements d'équipes réguliers mais incertains, de leurs disponibilités changeantes et imprévisibles à m'assister dans les moments les plus intimes comme la toilette et les toilettes.

« J'ai été
déchirée en 2014,
et par cette déchirure,
je suis née
à ma vie. »

Cadre édicté, non maîtrisé et inadapté des réveils matinaux protocolaires suivis de plages de solitude et d'inaction intolérable, des changements aléatoires et imposés à mes pauvres agendas, de visites hypothétiques ou d'engagements imprécis, du dîner à l'heure des poules et de la longue soirée vide de tout, sans rien, ni personne.
Confinée, voyez-vous, je connais bien, je connaissais déjà. Sur le sujet, je suis une experte hors compétition. Un traitement dictatorial qui, en lui-même, pourrait suffire à briser tout moral. Tout désir de se battre, toute envie de vivre. Et que je n'aurais jamais pensé pouvoir affronter.

C'est là, dans la dévastation de la maîtrise de mon temps, que j'ai intégré sa véritable valeur

Et que, comme beaucoup d'entre vous, j'ai appris à vivre avec lui. Les premiers jours se sont passés dans une brume où la seule urgence était d'identifier ce qui était réparable de moi. Et une patience infinie à récupérer les fonctions de base de mon corps. Sans qu'aucun progrès ne se fasse ressentir. Ensemble, le temps et mon corps sont devenus mes deux seuls maîtres. Eux, que j'avais cru contrôler, ont pris les rênes de ma vie. Non plus une vie fantasmée, rêvée, projetée, mais une vie simple, faite d'instants et d'écoute. Ma vie s'est réglée ainsi autour de ces prises de mesure quotidiennes de la moindre microactivité de chacun de mes muscles, testés à l'infini. Testés et même pas activés par moi : paraplégique, je ne ressentais rien, ni ne bougeais le moindre atome de la partie de mon corps située entre ma taille et mes pieds, inexistante. Pour l'évaluer, ce sont d'autres qui se saisissaient de mes membres et les mobilisaient, tordaient, bougeaient. Et notaient scrupuleusement la mobilité, et surtout son absence. Je subissais, inerte, des activités si minimes, répétitives, basiques qui s'étalaient pendant des matinées entières, à une absence de vitesse absolue. Sanglée sur des tables, inconfortable, dans un présent éternel.

Dans un tel bouleversement, nous pouvons raison perdre

Indéniablement. Ou subir un tel électrochoc que nous revisitons totalement la notion même de raison et déraison. Et dans cette remise en question, revisiter totalement jusqu'à des notions que nous avions considérées comme familières et constantes, comme le temps.

Intégrer le temps en nous, le faire nôtre

Nous nous fondons en lui, nous sommes en symbiose et nous nourrissons de sa lenteur et de sa profondeur. Nous y sommes bien. Nous ne le remplissons pas d'activités et de trépidations, nous respirons son parfum.

> Le temps d'une méditation, voulue ou rencontrée. Méditer était un de ces phénomènes de mode que j'avais effleuré du temps de ma splendeur, entre la poire et le fromage, de manière hâtive et en version abrégée. Là, j'étais pleinement disponible pour l'expérience dans sa profondeur et en version non expurgée. Je n'avais plus que cela. La méditation a été un baume dans mes journées.

Une méditation sur le temps et le temps pour méditation. Large, long et sans aspérités auxquelles s'accrocher. Une pensée qui virevolte sans objectif précis entre nos murs. Une musique qui nous met hors champ, hors temps, dans un espace paisible et joyeux. Un mantra qui calme une fibrillation de l'être. La vue d'un arbre et des feuilles qui tombent dans les scintillements de l'air. Nous n'avons rien à faire, à dire, à vouloir. C'est là.

Dans ce là, nous sommes enfin sereins

Et le temps est bon et juste, qui que ce soit qui l'investisse ou pas, quoi que ce soit qui le remplisse ou pas.

Le temps a bien changé n'est-ce pas ?

Nous avons changé surtout, et une myriade d'éléments ont changé avec nous. Autre révolution, la relation à notre corps.

« Un temps, ami
et amant, aimant
et aimé, pour s'y lover
comme dans un doux
sofa confortable :
le sujet n'est plus
que le temps passe
ou pas. »

Parlons du corps, de l'incarnation en fête

Le corps, mon corps, amputé de sa motricité, de sa force et d'une partie de ses capacités, a subi aussi un électrochoc. Physique et mental. « Vous ne remarcherez probablement jamais plus », m'a-t-on dit, les faits sont venus, en partie, appuyer ce verdict.

Pourtant, comme le temps, mon corps s'est révélé enfin tangible et qui plus est indomptable. Le jour où j'ai été dégradée dans mon corps, celui-ci a développé des liens avec moi totalement inédits. Je me suis ancrée en lui, reposée sur lui. En confiance. Parce que j'écoute et je respecte son rythme et sa fatigue, mon corps est mon maître. Mon corps est aussi mon allié le plus intime, qui m'alerte au moindre abus, que j'en sois la source ou l'objet. Mon corps m'a donné accès à une connaissance extrêmement pointue et sensible de mes capacités visibles et invisibles, mais aussi de son propre fonctionnement et de son système de guérison.

Et aujourd'hui, immobile, je danse avec lui dans ses évolutions, dont certaines tiennent aussi aux années qui passent et me font accéder à un autre moi-même. Sans que ce nouveau moi et ma maturité – qui recouvre aussi ce que d'autres nomment vieillesse – ne me paraissent un naufrage.

Longtemps, et encore aujourd'hui, une partie des neurones et des muscles de mes membres inférieurs n'a pas refonctionné. Mais lentement, millimètre par millimètre, mon corps a collaboré à la reconstruction de ses circuits neurologiques

« Le temps n'est plus
constitué de regrets d'un passé
ou de ce qui n'a pas pu
être, il n'est plus constitué
des angoisses du devenir
et d'une sacralisation de l'avenir.
Le temps se conjugue enfin
au présent, dans l'instant,
sur le ressenti et la réalité. »

et nerveux endommagés, remettant en marche ceux qu'il pouvait réparer – avec l'aide du temps, soutien toujours fidèle et désormais reconnu – et reconstruisant, pour certains autres, des dérivations, des chemins de traverse quand cela lui était possible. Je ne suis pratiquement plus en fauteuil roulant, si ce n'est un électrique pour me déplacer seule à l'extérieur. Ma marche est fragile et limitée, mais elle existe, je me tiens debout. Après 8 ans de combats, d'efforts et de rechutes ; souvent dans la douleur.
Je reviens sur le temps là encore, car si j'avais voulu guérir dans l'instant et par la force, je ne serais arrivée à rien, je me serais crashée. Ce que j'ai pu récupérer physiquement a pris plus de trois ans : cette reconstruction nécessite aujourd'hui que je prenne un soin extrême et bienveillant de mon corps fragile et vulnérable, et que je lui consacre le temps qu'il mérite et qui lui est nécessaire pour lui donner du bon et le garder au meilleur de sa forme dans le respect de ses possibilités et des miennes.
Je n'imaginais pas pouvoir vivre, handicapée qui plus est, d'une manière aussi incarnée et apaisée dans mon corps. J'en prends soin et il prend soin de moi. Il n'est plus ce véhicule mal entretenu, poussé à bout, exploité, vrillé, à la motorisation débridée que j'avais asservi à mes buts et à mes ambitions. Je prends plaisir à le soutenir, je le ménage. Je comprends ses messages silencieux, et j'en tiens compte. Je sais ses difficultés, et je les respecte. Je ne lui impose rien qui ne soit bon pour lui.

J'imagine que vous aussi, au fil de vos expériences, avez dû reconsidérer et revisiter de nombreuses données que vous aviez aussi mal interprétées ou qui s'étaient imposées : nos âges, notre place, notre jeu, nos équilibres.

L'âge et la vieillesse méritent une place noble et respectueuse dans ce monde où nous vivons

Ce sont les attributs de l'Être. Qui ne souffre plus aucune catégorisation et ne se soumet plus aux illusions collectives.

C'est un fait, pas nouveau, mais accentué, et le dire n'est pas procéder d'une approche complotiste, mais juste réaliste.

L'âge n'est plus, depuis longtemps, un état respectable et respecté. La vieillesse ne bénéficie d'aucune faveur particulière, d'aucune place, ni reconnaissance.

C'est inacceptable.

Notre société ne valorise plus l'expérience, ni n'accorde aucun droit ni mérite à l'ancienneté

Le virus a amplifié le mouvement, séparé davantage les humains. À quelques jours de mes 66 ans, un calendrier vaccinal m'incorpore comme un conscrit. Je le conçois pour

« La crise,
que le monde subit,
a amplifié la tendance
à catégoriser
et penser son bien
pour l'autre,
sans lui demander
son avis. »

la logique de l'organisation. Quoique tout étiquetage par l'âge m'insupporte depuis toujours. Pas vous ?

> Depuis longtemps, pour moi. Il y a des millénaires de cela, vers 2010, un contemporain me susurre ces mots doux : « Et toi, la retraite, c'est pour bientôt ? » Je reste coite. De quoi parle-t-on ? D'un séminaire New Age pour cadres ? « Non, insiste-t-il, l'air navré, TA retraite : ce moment que nous désirons tous, ce Graal où "on va enfin profiter". » Et de me détailler une existence paradisiaque consacrée au golf, au bridge et aux voyages – dans des contrées ensoleillées, mais attention bien pourvues question sanitaire.

Je suis, j'ai toujours été simplement à des années-lumière de ce meilleur des mondes[1]

> Oui, travailler différemment m'a toujours interpellée, travailler aussi sur des sujets qui m'intéressent davantage que les seuls résultats commerciaux trimestriels de mon employeur ou la subtilité du web marketing. Mais cela ne justifie pas d'une désertion dans l'inexistence ! Ni d'envisager une retraite dans une « mort sociale ». On a remis ce couvert quelque temps après : « Avec un démarrage de

1. Référence au titre du livre *Le Meilleur des mondes* d'Aldous Huxley.

carrière à 20 ans, vos enfants, vous avez tous vos trimestres, vraiment envie de continuer à bosser ? »
Et bon sang, j'avais quoi à l'époque, 55 ans, une superforme, un esprit aiguisé, une masse de connaissances, l'expérience et la conscience en plus. Capable de tout faire, super bien ! Envie de partager et de construire ensemble. Aux abris, si vous le voulez, jeunes retraités éreintés, pas moi ! Alors, jusqu'à quel âge dites-vous qu'on peut s'accrocher ? Soixante-dix ans. Parfait. Et après, je continuerai en indépendante. Pas de souci. Et je voyais mes collègues disparaître, avalés dans leur statut d'à juste titre « retraités ». Certains avaient des velléités de conseil, mais du coup, plus la niaque, souvent pas les réseaux. Cela me faisait froid dans le dos, cette exclusion consentie. La retraite n'était pas pour moi.
En 2014, j'ai donc eu un problème de santé grave : trois ans de maladie longue durée. Puis un retour progressif vers une vie civile. Mon employeur m'a très correctement contactée : que voulais-je faire, revenir avec tous les aménagements possibles pour mon handicap, ou prendre cette retraite à laquelle j'avais droit ? L'idée de m'incruster en entreprise, désormais loin du top de mes capacités, ne m'a guère tentée. J'aime me savoir efficace et indépendante. J'ai choisi alors la retraite. Mais pas ma disparition. Sans regret, librement, sereinement, j'ai alors tourné la page. En 2017.

Retraitée sur le papier, aucunement dans la tête et l'esprit

Mais, surtout, décidée à faire un virage total, devenir écrivaine : on va dire que cela ne m'a pas trop mal réussi.

> Question lien social, j'ai même passé la surmultipliée, et j'ai pu, en respectant mon rythme de vie et mes contraintes de santé, retrouver une puissance de travail et de création qui m'apporte énormément de bonheur et, je l'espère, une vraie utilité sociale, par un alignement cœur, corps et esprit, avec moi et les autres. Jusque-là, tout va mieux, tout va bien. La transmission me plaît, je reste en lien, je me sens citoyenne : Debout Citoyennes et engagées au Zénith de Paris, le 8 mars 2020, ça a de la gueule.
> Jusqu'au 17 mars 2020, en fait. J'ai 65 ans. J'ai rejoint début mars, comme prévu de longue date, la Charente-Maritime, où je suis toujours en confinement, parce que je crois inconscient de prendre des risques de contagion et d'en faire prendre aux autres. Et que Paris n'est pas la ville idyllique pour vivre handicapée. Je respecte strictement le confinement, et je contribue virtuellement autant que je peux. Je sais ce que je fais, je suis attentive, vigilante et toujours citoyenne. Je pense avoir démontré ma passion et ma vie légitime.

Puis est arrivé ce débat sur « nos aînés »

Sympa, oui, je m'en fais pour ma tante de 95 ans que j'adore. « Ah non, m'a dit ma copine, c'est toi, c'est nous, au bas mot, 50 ans chez les hommes, 60 ans chez les femmes, ces aînés, mis de côté, quasi enfermés dans leur chambre comme les pensionnaires des EHPAD. »
Je tombe du placard ! Ceux qui me veulent tout ce « bien » ne voient pas le problème : « Vous n'allez pas prendre de risques. » Me savoir confinée, indéfiniment, avec ma tranche d'âge, cela les rassure presque !
J'en balbutie que, depuis fort longtemps, je sais parfaitement gérer mes problèmes et mes choix sans votre aide ou votre avis, merci ! Et puis, cela dérape : « les vieux » – ça y est, on ne parle plus des seniors, des quinquas, des aînés – « ça chope tout, et après, cela va à l'hôpital ou c'est contagieux ». Et l'hôpital, il est saturé, cela coûte cher, les soignants sont épuisés. Alors, vos gueules, les vieux ! Bon, je schématise un peu, mais quand même !

Cela me fout les jetons, une société où on décide pour moi, d'où je vais vivre, quand je vais sortir

De ma liberté de circuler, de mes droits, de mon droit inaliénable à décider pour moi-même. Et cela parce que je suis née en 1955, alors que je suis parfaitement saine de corps et d'esprit. Enfin, autant qu'eux et vous, ni plus, ni moins !

Et franchement, si j'ai les jetons, vous devriez tous avoir aussi les jetons, parce que si cela commence par nous, par l'aliénation de notre liberté, ce n'est pas bon signe. Pas un bon signe pour toutes les minorités, avec des besoins d'aide, parfois spécifique, qu'on évaluera, budgétera, et ensuite on décidera pour eux. S'ils se soumettent aux normes : pas à la Loi, mais à la règle du plus grand nombre. Pas un bon signe pour la démocratie, pas un bon signe pour la liberté, pas un bon signe pour la fraternité, pas un bon signe pour l'égalité !

Oui, je le sais : vous ne nous voulez que du bien. Vous croyez bien faire.

« Vieille ou pas, handicapée ou pas, je suis libre ! J'entends le demeurer. »

Respectez notre droit à l'autodétermination, notre droit de vivre et de mourir comme nous l'entendons, où nous l'entendons

Soyons clairs, n'espérez jamais me ranger proprement dans un coin, isolée dans votre EHPAD ! N'espérez jamais que je reste branchée à crever parce que votre protocole le permet et m'y oblige. N'espérez pas non plus me débrancher parce que vous estimeriez que j'ai fait mon temps et que ma vie ne vaut plus d'être vécue. Je garde mon droit de décider !

Nous devons demeurer vigilants et profiter de cette crise, et de cette montée d'inquiétude, pour faire avancer et réancrer la place et l'importance de l'humain et de ses droits, de son premier à son dernier jour. C'est une crise humaine, existentielle.

Cette crise est l'opportunité véritable de faire bouger les lignes du monde de demain vers une meilleure humanité

Mais profitons-en pour pousser le bouchon du vivre ensemble et de la convivialité un poil plus loin.

Si dans votre entourage, vous avez une personne handicapée ou âgée ou fragile, le truc, c'est de ne pas la parquer dans un coin isolé, où elle ne vous dérange pas, loin de vous, et sous un plaid à carreaux, en la réduisant au silence ou à l'absence de lien et d'attention, exilée, ostracisée.

Mais de la soutenir, avec légèreté et cœur, en l'installant, au milieu de vous, comme le roi ou la reine qu'elle n'a jamais cessé d'être, et que vous aviez juste oublié de considérer, de la considérer.

Au nom de la peur, des peurs de l'autre, d'aimer, d'aider, de souffrir, d'être touchés, d'être contaminés et de mourir qui nous font nous geler à l'autre, et fermer nos yeux pour ne pas ressentir et ne pas donner notre cœur.

Mettant un voile opaque sur le miroir où cet autre se reflète et nous inflige notre finitude. Et, cédant à cette terreur intense et sournoise, nous fait quitter le banc des humains civilisés pour rejoindre une cohorte d'êtres en fuite, confinés émotionnellement, absents à l'essence de l'humanité.

Au lieu de choisir de vivre ensemble paritairement et partager ensemble le bon, et aussi le plus difficile.

« Non, le truc,
c'est de la regarder dans les yeux,
de l'écouter et de l'entendre,
de demander ce dont elle a besoin,
de prendre sa main. Et sans
relâche, de l'aider à oser,
à ressentir, de lui donner
le goût de vivre, de l'intégrer,
de la respecter et de l'inciter
à sortir de toute prison –
celle d'un corps, celle de l'esprit,
celle de l'exclusion sociale,
de la solitude. »

Les cailloux blancs

- Les premiers coups ont été importants, déterminants un moment. Mais ils ne sont pas décisifs, pas définitifs.

- Nous allons changer le Jeu, changer de JE.

- Il n'y a pas une minute à perdre : cette conviction a structuré une bonne partie de nos existences.

- Il fallait attendre mon tour, qui viendrait avec le temps, l'âge, l'expérience.

- La fameuse cape d'invisibilité de l'âge qui tombe sur ceux que l'on expulse arbitrairement ainsi, à une date anniversaire, que personne n'est en mesure de leur expliquer, ni leur justifier.

- À un moment, la vitesse, la rapidité, l'immédiateté n'ont plus cadencé ma vie.

- Mon corps est mon allié le plus intime, qui m'alerte au moindre abus, que j'en sois la source ou l'objet.

- Vieille ou pas, handicapée ou pas, je suis libre ! J'entends le demeurer.

- Peurs de l'autre, d'aimer, d'aider, de souffrir, d'être touchés, d'être contaminés, et de mourir qui nous font nous geler à l'autre.

10

LE HANDICAP, NI ILLUSION, NI ERREUR STATISTIQUE, NI POUR AUTANT UNE IDENTITÉ

Bien sûr, me dites-vous, je suis un exemple, je suis un modèle. Unique. Cela m'est facile. On ne peut pas généraliser. Vous vous trompez ! Ce que je vis, ce que je clame et réclame est accessible à tous, à vous.

Je m'appelle Nadalette, j'ai plus de 60 ans, je suis paraplégique des membres inférieurs, handicap invisible mais réel, quantifié à plus de 80%. Je suis femme publique et passeuse de mots. Les capes d'invisibilité sociale du sexe, de l'âge et de la différence, je les refuse, que cela plaise ou non. Vous pouvez les rejeter aussi.

Je ne suis ni une illusion, ni une moyenne nationale et comminatoire

Au mieux, je peux admettre être encore, parfois, une erreur statistique. Mais pas pour longtemps. Le temps de la signification statistique [1] est passé. Elle n'est plus toute-puissante. J'en suis persuadée.

Car, comme moi, vous êtes nombreux à goûter la vie, à reprendre vos vies en main, et à revendiquer votre place et votre temps de parole. À connaître votre valeur et les pierres

1. Signification statistique, validité numérique d'une différence : https://fr.wikipedia.org/wiki/Signification_statistique.

« Je ne donne à personne le droit de disposer de moi ou de décider pour moi. Vous non plus. Notamment sur mes choix de vie et de mort ! »

essentielles avec lesquelles vous savez contribuer au bien collectif, vos droits et vos devoirs. Nombreux à proclamer les statistiques insignifiantes, les minorités également agissantes, les différences non exclusives, les ukases non pertinents.

Le monde ne peut plus se cliver entre les normés et les non-normés. Le clivage est dysfonctionnel. Parce que nous sommes une multitude à être très différents. Je pourrais élaborer de nombreux sujets qui l'illustrent, mais sur lesquels, aujourd'hui, je ne me sens pas forcément légitime, ni expérimentée. Aujourd'hui.

Mais je préfère en choisir un qui me tient à cœur et qui est le fil rouge de ma vie et de ma filiation : le handicap invisible qui s'impose à certains d'entre nous et que tant occultent. Le handicap – celui que nos yeux ne peuvent ignorer – a déjà de la peine à trouver sa place au sein d'un monde construit sur la conformité physique, mentale et sociale. C'est dire combien il est audacieux de vouloir faire connaître et comprendre le handicap invisible.

Un milliard de personnes dans le monde sont en situation de handicap

Douze millions de personnes en France [1], chiffres de 2020. Là, on dépasse la seule importance statistique, c'est une donnée plus que représentative. Ce nombre augmente avec le vieillissement de la population et les maladies chroniques qui concourent,

1. Personnes en situation de handicap invisible : https://www.apf-francehandicap.org/handicap-invisible-35492.

en particulier, à l'accroissement des handicaps invisibles, peu décelables mais tout autant invalidants. Du Covid, on peut déjà retenir qu'il laisse sur beaucoup des séquelles qui entreront dans ce cadre.

80 % des personnes en situation de handicap souffrent d'un handicap invisible

Quatre-vingts pour cent, 9 millions de personnes, c'est énorme. Et c'est invisible.

À peine m'étais-je confrontée au handicap le plus patent, indéniable, massif, que je commençais à en comprendre le sens, à le lui reconnaître, que je découvrais sa face cachée, sa face immergée. J'ai dû revoir ma copie et élargir mon champ de vision.

Pas vu, pas pris, encore une fois.

Le handicap invisible est un compagnon de longue date que j'ai préféré ignorer. Ma détérioration physique en trente ans de scoliose était déjà, pour bonne part, un handicap invisible. Invisible ou masqué. D'une petite courbure de départ, la déformation de ma colonne vertébrale était devenue en 2013 une double courbure de 70°. Le déni que j'en avais était un miroir du monde dans lequel je vivais, où rien ne devait transparaître, ni dénoter. Et plus encore, le handicap invisible était un fil rouge dans ma filiation : un secret de famille.

« Le handicap, c'est un
véritable iceberg : du handicap
invisible, j'ai alors découvert
l'omniprésence, le déni
et l'oubli quasi généralisés.
Loin des yeux, loin du cœur.
Il est si aisé de l'ignorer...
puisqu'on ne le voit pas. »

Il y a un homme dont j'aimerais beaucoup vous parler

Un homme à propos de qui j'aimerais pouvoir vous dire tant de choses. Un être unique dont j'aimerais partager avec vous les rêves, les bonheurs, au moins ses douleurs. J'en suis incapable. Et c'est inacceptable.

Mon grand-père paternel, Jacques La Fonta, né en 1871, mort en 1938. Je ne l'ai pas connu. On ne m'en a rien dit. Je ne sais rien de lui, aucune trace, aucun récit, sauf une photographie sépia. Il était sourd de naissance, malentendant comme on dit aujourd'hui. La honte de certains dans ma famille, une charge pour sa femme, une douleur pour ses enfants. Pourtant, cet homme, je l'ai découvert, a voyagé, seul, handicapé, jusqu'en Palestine. Il avait une jolie écriture, il a aimé certainement. Il a été marié, aimé – je l'espère –, il a eu des enfants, des petits-enfants. Mon père n'en parlait jamais. L'histoire familiale l'a simplement réduit au silence, évacué. Elle ne dit rien de lui : omerta. Homme malentendant, non entendu, mal écouté. Il n'a pas eu d'accident, en fait sa vie entière a été un incident invisible : Jacques La Fonta, l'homme invisible.

Alors oui, je veux m'en réclamer. J'ai désormais envie de dénoncer l'invisibilité et sa cohorte d'incompréhensions : 80 % des personnes handicapées ont un handicap invisible et mon grand-père en faisait partie.

Aujourd'hui, dans ma vie tout va bien ou presque, et je ne fais pas pitié, quand je suis habillée, maquillée. Pourtant, je

suis handicapée aussi à plus de 80 %. Ma démarche pénible, hachée et précaire, à vie, façon Laurel et Hardy, heureusement plutôt avec la silhouette de Stan Laurel : j'ai échappé au pire. Et mes cannes : celles de votre entorse, vous les connaissez bien.
Imaginons, vous me croisez dans la rue, le nez sur votre portable, pressé. Je suis vraiment lente, vous me bousculez à peine, vous m'effleurez et je m'effondre comme un château de cartes par terre. Vous ne comprenez pas pourquoi. Vous n'avez rien fait et j'étais au milieu de la rue, à la vitesse de l'escargot.
Dérangeante. Ce n'est quand même pas votre faute : handicap invisible.

Je n'ai pas envie de mettre les points sur les *i*, cela me coûte de vous en parler, mais je le dois : mon handicap invisible, c'est ma perte d'autonomie, je ne peux pas marcher à l'extérieur sans l'aide de quelqu'un. C'est la perte d'équilibre, et surtout de liberté. Je ne vivrai jamais plus comme vous. Libre et autonome.

C'est encore la douleur musculaire et neuropathique qui cisaille jour et nuit, en permanence, mes épaules, mes bras, mes jambes, mes pieds. Invisible.

Les handicaps invisibles, vous ne les imaginez pas

C'est normal, ils sont invisibles : cancers, sclérose en plaques, atteintes neurologiques, malentendants légers, déficients visuels,

« Parce que si nous
connaissons l'autre
plus intimement,
nous ne pouvons lui
rester insensibles.
Alors mieux vaut
faire semblant
de ne pas savoir ! »

longues maladies, ceux qui ont des difficultés à s'exprimer, sont épuisés. Je vous laisse compléter la liste, car ce sont nos proches, nos voisins, nos collègues, nos amis.

S'il vous plaît, ouvrez les yeux, regardez-nous, voyez-nous. Voyez les efforts permanents et les difficultés souterraines et cachées, les complications au quotidien dans un univers conçu pour les valides. Imaginez les dommages collatéraux et indécelables à l'œil nu : les organes amochés, les fuites urinaires, la fatigue, les douleurs neuropathiques. Tout cela, personne ne veut y songer.

Nous sommes comme vous, nous avons les mêmes envies que vous, les mêmes droits

Pas les mêmes facilités, plus la même vie. Comme eux, je ne veux pas de votre pitié. Je ne suis victime de rien, j'ai un handicap, je ne suis pas mon handicap, mais je vous demande d'ouvrir votre esprit et votre cœur.

Tous nos handicaps et toutes nos histoires sont différents. Toutes les personnes handicapées sont différentes, et pas seulement de vous. Il n'y a pas un prix d'excellence du handicap visible, et un bonnet d'âne pour le peu visible. Il n'existe que pour la douleur physique une échelle de 1 à 10, c'est confortable pour tous.

« J’ai un handicap,
je ne suis pas
mon handicap. »

Chacun est le seul mètre étalon de l'épreuve avec ce qu'il peut et veut faire de sa vie

Pour certains du sport, pour d'autres du business, pour moi c'est l'écriture. Arrêtons-nous donc un instant et regardons cette humanité qui est différente et qui, pourtant, nous ressemble.

Soyons, vous comme moi, conscients de l'autre, de son importance. Nommons la réalité – handicap – sans nous permettre de juger. Reconnaissons la diversité, à commencer par celle du corps et de l'esprit. « En conscience », *conscientis*, signifie « avec partage du savoir, de la science ».

Revenons un instant sur les illusions.

Ni un *role model*, ni un exemple, juste une femme libre d'influence

Une femme ordinaire, imparfaite, pleinement vivante, comme vous, proche de vous. Une femme au parcours sinueux, aux lâchetés assumées, aux erreurs fréquentes, aux échecs indéniables. Pour autant sans regret, ni remords. Libre. Une femme alignée cœur, corps et esprit qui ne regarde surtout plus en arrière, ou devant. Je suis là, pleinement ! Ici et maintenant.

J'accepte que disparaissent de ma vie des gens que j'ai pu aimer. Ma vie m'appartient. Nos vies nous appartiennent.

Je ne donne plus la parole aux « dégueulants »

À ceux qui m'ont assuré, ont voulu me faire croire – et accepter – que je ne remarcherais plus, et qu'à mon âge, ma vie était finie. Ceux pour qui je devais me résigner. Et ne plus penser. Ils penseraient pour moi.

Les « dégueulants » experts, les dégueulants sachants, les dégueulants bien intentionnés et aussi ceux qui se réjouissaient secrètement que je sois plus malheureuse qu'eux, enfin ! Les dégueulants de tous bords : ce sont les mêmes qui, aujourd'hui, prédisent la fin du monde et balancent, sur les autres, leurs peurs, leurs confusions mentales, leurs angoisses, leurs fantasmes, et surtout leur haine. À commencer par leur haine d'eux-mêmes.

Les vrais complotistes, sinistres, vautrés, surfant à 360° sur toutes les paranoïas, dans les élucubrations les plus affligeantes et contradictoires. Il y en a pour tous les goûts. Rien que du déprimant, lourd, négatif, désespéré. Ce n'est pas que ce soit nouveau, mais juste amplifié. Nous avons toujours été confrontés à des pessimistes invétérés, des négationnistes, des maussades déprimés, des aigris et des critiques souvent également envieux et frustrés.

Le Covid, la crise que nous vivons, incompréhensible, brumeuse, irréelle, inconnue, sans précédent et désinformée, associée à la violence et à la propagation massive d'Internet, a rendu leur virulence insupportable, leurs propos inaudibles, leur logorrhée néfaste. Massivement. Ils sont désormais nuisibles au-delà de l'acceptable.

« Nous sommes en risque
de contagion létale,
non seulement virale,
mais surtout par capillarité
de leurs insinuations toutes
malsaines, par invasion
de leurs pensées contradictoires
et nauséeuses, par épuisement
devant ce brouillard
de surinformations toutes
quasiment aussi fallacieuses
et mensongères. »

C'est cela la contamination la plus pernicieuse.

Ceux qui ont cet état d'esprit nauséabond, quel que soit leur bord, forcément en guerre avec un autre, sont à ignorer, à éviter, à dégommer. On ne discute pas avec des esprits toxiques, insensés, infectés et vides.

Je ne vais pas me faire des amis : ces dégueulants, quel que soit leur bord – et il n'est pas un bord qui en soit exempté –, ne peuvent pas, intrinsèquement, nous apporter quoi que ce soit de bon. Les oiseaux de mauvais augure, je vous évite et je vous emmerde ! C'est ma fierté.

Ce dont je suis persuadée, c'est qu'aujourd'hui encore plus qu'hier, personne n'a besoin de Dark Vador [1], mais de Jedi, plein de Jedi. Le monde a besoin de Jedi. Soyons tous des Jedi ensemble, nous le valons bien. Vous le valez infiniment.

1. Principal méchant de la trilogie *Star Wars* : https://fr.wikipedia.org/wiki/Anakin_Skywalker.

Les cailloux blancs

- Je ne donne à personne le droit de disposer de moi ou de décider pour moi.
- Le monde ne peut plus se cliver entre les normés et les non-normés.
- Le handicap, c'est un véritable iceberg.
- Du handicap invisible, j'ai alors découvert l'omniprésence, le déni et l'oubli quasi généralisés.
- J'ai un handicap, je ne suis pas mon handicap.
- Reconnaissons la diversité, à commencer par celle du corps et de l'esprit.
- Ceux qui ont cet état d'esprit nauséabond, quel que soit leur bord, forcément en guerre avec un autre, sont à ignorer, à éviter, à dégommer.
- Soyons tous des Jedi ensemble, nous le valons bien. Vous le valez infiniment.

11

COMMENT S'ENFANTER

Dans la mythologie japonaise, le ciel et la terre sont nés du chaos, et en est sortie une sorte de roseau qui fait le lien entre la terre et le ciel. Je ne connaissais pas cette image quand j'ai accepté pour titre de mon premier livre *Le Roseau penchant*[1]. Je veux y voir aujourd'hui un de ces clins d'œil de la vie. Alors que je regarde enfin plus haut, plus loin.

C'est bien le chaos qui m'a permis de renaître

La métanoïa[2] est une désintégration positive où nous substituons à notre Moi étroit un Soi plus grand que nous par un changement de regard et donc de vue. Un au-delà de nous. Il est révélateur de l'esprit français et occidental qu'on le traduise et confonde avec la repentance et la pénitence.

Pour moi, il n'en est rien. Je ne crois pas la repentance indispensable et juste. N'en déplaise à ceux friands de jugements tranchés et de punitions méritées et salvatrices et à ceux adeptes des tourments de la culpabilité.

---

1. *Le Roseau penchant, histoire d'une merveilleuse opération*, Fauves éditions, 2017 : https://www.fauves-editions.fr/index.asp?navig=catalogue&obj=livre&no=68738.
2. Retournement de l'être, changement de regard, transformation : https://fr.wikipedia.org/wiki/M%C3%A9tano%C3%AFa.

« Là, dans le chaos
et la confusion, nous lâchons
l'enveloppe placentaire
et roborative de nos illusions,
nous subissons les douleurs
du passage de notre être
et nous nous reconnectons
enfin à nous-mêmes. »

Par contre, le changement de perspective est, pour moi, toujours et totalement possible et bénéfique, et, en lui-même, un chemin de guérison. Et pourquoi pas biblique, spirituel et même en relation avec le divin – si c'est ainsi qu'on le considère. Je n'en suis pas là. Mais mon renversement est certain et acté.

Quand ce changement total de la pensée et de l'action est radical, quand cet enfantement est trop violent, quand l'épreuve est trop brutale, la « résilience » intervient dans notre voyage, réenchantant notre histoire, notre légende personnelle. Elle entre en scène, alors main dans la main avec nos Valeurs. Valeurs qui deviennent clés.

Histoire d'une mise au monde

Il a fallu ce moment pour moi : ce bouleversement de tout. Ce basculement qui est la pierre angulaire de qui je suis aujourd'hui. Avec lequel je me présente à vous depuis 2018 – parution de mon premier livre fin 2017 et avec cette conférence TEDx de 2018, « Rien ne nous arrive par hasard », qui a ému plus de deux millions de personnes dans le monde.

Il est temps d'en reparler avec vous, maintenant que nos balbutiements communs dans l'existence ont largement été cernés et que nous partageons cette intimité de pèlerins de la vie, d'êtres uniques et reliés.

Il a fallu que mon corps secoue violemment mon âme, pour que je m'éveille en 2014. Je ne voulais ou ne pouvais m'extraire de mon asservissement consenti. Lasse d'être muselée. Mais impuissante encore.

L'épreuve – quelle qu'elle soit, chômage, maladie, frustration, personnelle, familiale, peine de cœur, échecs, décès, coronavirus, confinement, etc. – peut et doit être la Clé d'une transformation, et permettre l'émergence d'un Projet avec du sens pour soi. C'est dans la chute, dans la cassure, dans les épreuves que se fondent nos vies.

Notre histoire s'écrit sur nos fêlures et nos deuils

Alors bien sûr, je n'ai pas vu tout de suite que ce n'était pas une si mauvaise chose de me retrouver anéantie, amputée dans mon corps, privée de liberté, dépossédée de ce qui comptait pour moi. L'illumination ne s'est pas faite au pied de mon lit. Je me suis d'abord effondrée, n'arrivant pas à même saisir ce qui m'arrivait. Aujourd'hui seulement, je suis capable d'extraire de ce cataclysme quelques leçons essentielles.

Mes bonnes pratiques, il y en a d'autres

Essentiellement, en la matière, mon mentor est une femme admirable, une grande penseuse de la perte, de la vie et par conséquent de la mort, Elisabeth Kübler-Ross[1]. Ses ouvrages m'ont permis de poser de la sérénité sur les

1. Psychiatre, qui a décrit les cinq étapes du deuil : https://fr.wikipedia.org/wiki/Elisabeth_K%C3%BCbler-Ross.

« Le deuil, quel qu'en soit l'objet, c'est un lent processus, comme la vinification. »

passages douloureux de la vie, ils m'ont donné un fil rouge qui, s'il n'ôte rien à la souffrance de ces instants, permet de les savoir transitoires et nécessaires et d'espérer une nouvelle aube. Je sais les débats autour de sa pensée, des cinq étapes du deuil, pour autant elle me convient.

Ma colère, mon chagrin, mon déni, mes négociations, mes choix, mes pertes, ce furent les étapes obligées de mon passage. Ce sont celles que vous connaissez aussi ou que vous connaîtrez : les identifier nous garde dans l'espoir, nous situe dans le cheminement, nous indique des orientations et des virages dans ce sentier escarpé et plein d'embûches. Elles nous promettent qu'une trouée se profile à l'horizon.

Tout d'abord, la sidération et l'effondrement

> Pour moi, de moi, ce deuil de mes capacités, mon ambition, de ce que je connaissais si bien. Je suis restée au sol, KO, incapable de penser. Dans cet hôpital. L'effondrement est le premier ressenti, encore anesthésiant et irréel. Est-ce vraiment moi dont il s'agit ? Je suis atterrée et dubitative. Atterrée dans mon lit, allongée au propre et au figuré. La sidération du lapin dans les phares est totale.

Il est indispensable de l'accepter et de la vivre. D'ailleurs, on ne peut l'éviter. Rentrer vraiment « dedans », dans ce néant, pour pouvoir en sortir sans séquelles. Surtout ne pas s'étourdir ou se mentir. Plonger.

> Oui, c'était moi cette chair immobile et douloureuse, déposée dans un lit comme dans un linceul. C'étaient mes jambes, ces deux jambons de chair gonflés et lourds, inutiles et mortellement engourdis. C'était une partie de moi, cette femme si triste et désespérée que nul ne serrait contre soi et qui était parquée dans un mouroir sans joie, ni plaisir, sans beauté, sans désir. Sans caresses, sans câlins. Seule.

Pleurer tout son soûl, pleurer et vider ces océans de larmes dont on ne voit pas la fin et que rien ne peut sécher. Ce puits profond de tristesse et de désespoir est vide de toute lumière. Le sentiment prédominant est un sentiment d'Apocalypse, de fin du monde.

C'est ce deuil en partie que nous sommes actuellement en train de faire collectivement et individuellement du monde d'Avant. Nous perdons en ce moment des choses que nous aimions. Mais nous nous débarrassons aussi de vieux oripeaux laids, sales et qui ne nous avantageaient pas : la pollution, par exemple, les achats compulsifs et inutiles, une échelle de valeurs purement financières.

Puis la révolte, le sentiment d'injustice, la colère, le chagrin, la négociation

C'est là le moment clé et difficile.

« La caractéristique
du choix, volontaire ou imposé :
de ne pas pouvoir tout
avoir, tout garder en même
temps, de savoir perdre.
Tout choix a pour contrepartie
la perte et l'abandon
d'une autre possibilité. »

Parfois, on pleure encore, on voudrait revenir à l'état d'Avant, confortable parce que connu. C'est un yo-yo émotionnel. Un moment nécessaire d'émotions: encore une fois « émotions », en latin *emovere*, cela veut dire « mettre en mouvement ». L'un ne va pas sans l'autre.

Il nous faut du temps, et des colères, et des chagrins multiples, successifs et parfois répétitifs, pour accepter ce que nous n'avons pas choisi, ou du moins ce nous croyons encore n'avoir pas choisi. Il est vital de savoir être vraiment en colère et de le dire, d'exprimer sans rien cacher sa souffrance et son chagrin. Ils sont légitimes.

C'est le point de bascule où, en réalité, si nous choisissons la vie, celle-ci va s'incarner en nous.

On tente pourtant de composer, de négocier: et si... J'aurais volontiers, à ce point, sacrifié le peu de convictions qui me tenait à cœur pour sortir de la paraplégie. Même repris à l'identique ma vie insensée et castrée. La négociation avec soi-même est âpre.

Nous sommes notre meilleur ennemi. Nous connaissons nos points faibles, nos peurs et nos angoisses. L'univers est heureusement souvent plus raisonnable et volontaire que nous et nous évite de laisser passer notre chance encore une fois. Et de nous suicider sempiternellement dans une non-vie récurrente.

Dans la vie « d'avant », certes, il y avait plus d'éléments connus et familiers, voire attachants, mais aussi des passages obligés, des habitudes que nous n'avions pas voulues, pas toujours agréables – les transports en commun blindés, la course en sac, la course au fric, les embouteillages, le problème inextricable des migrations, le sexisme, le racisme, etc. Moi, j'étais bossue, déjà exténuée, rêche, vidée sans le reconnaître, bien avant 2014.

Avec des vrais choix difficiles, il y a l'acceptation

Et à partir de cette acceptation, la transformation, je dirais, notre mise au monde, notre Renaissance.

Quelques mots préalables sur la notion de choix.

Le choix, son acceptation ne sont pas pour autant une résignation, une capitulation, mais une maturité. En fait, choisir devient une action de construction, de reconstruction, de mise au monde.

Naître, vivre, c'est accepter la finitude de tout et la mort. Nous le savons désormais.

Je vous raconte comment.

Dans les longues heures de solitude d'un hôpital en 2014, enfermée par mon corps, isolée, j'ai identifié des pertes et fait des choix. J'ai su notamment que de ne pas remarcher, il n'en était pas question. Par chance, ce fut possible, même si ma façon de marcher demeure complexe et imparfaite, précaire. Par contre, danser le rock and roll est désormais exclu. J'ai souvent les larmes aux yeux quand un air pourrait m'entraîner.

Continuer à vivre dans une fuite en avant perpétuelle, en dépendant ou à la seule écoute des besoins et désirs des autres, et en étant insatisfaite de mon présent et tendue vers demain, ce n'était déjà plus possible. Là, c'était même devenu inenvisageable.

Choisir, c'est accepter de perdre et d'abandonner ce qui ne peut plus être comme avant

Se recentrer sur l'essentiel, et s'ouvrir aussi à de nouvelles possibilités : le plaisir de l'eau pour moi, inconnu bien longtemps. Perdre pour gagner !

Vivre dans la nostalgie de ce qui n'est plus, soyez convaincu que c'est improductif et stérile. Vivons ici et maintenant ! Ici et maintenant, un champ infini de possibles, en intégrant le principe de réalité.

Si nous ne présupposons pas que les autres savent et comprennent. Si nous n'attendons pas une aide qui ne viendra pas. Si nous trions nos idées et nos peurs. Si nous acceptons ce qui ne peut être changé, dont la finitude de tout et la mort. Si nous acceptons ce qui est définitivement, sans vivre dans le passé. Si nous acceptons l'œuvre du temps. Si nous lâchons prise. Si nous trouvons nos propres points d'appui et les développons. Si nous inventons ce qui n'existe pas encore. Si nous ranimons et entretenons notre flamme.

Oui, je ne pouvais certes pas en 2014 sortir de cet hôpital, avec ce corps invalide, fracassé, déprogrammé. C'était nécessaire et vital pour un temps donné, et j'avais deux solutions : geindre et m'estimer la femme la plus malheureuse et affligée du monde, victime d'une injustice monstrueuse… victime et frustrée. Ou me battre, mais pour ce qui a du sens, au moment juste et à mon rythme : me remettre debout, à la verticale, pour ensuite remarcher, millimètre par millimètre, minute par minute.

« N'ayez pas
peur de demain,
ne regrettez
pas hier. »

En trouvant, même dans la révolte et dans la situation de cette époque, des espaces de bonheur : la vue d'un arbre, une méditation, un réseau social, des bonheurs secrets, la main d'une de mes filles. Et choisir magnifiquement de vivre. Enfin moi-même.

Je fais le parallèle entre ce qui m'est arrivé en 2014 et ce que nous vivons aujourd'hui, en réalité, ce n'est pas la fin du monde, uniquement la fin d'un monde qui a fait son temps. Pour moi, pour vous, pour nous. Temps était venu d'ouvrir un autre chemin, un passage, ma voie, de franchir un seuil. Le seuil de ma vie, et de la vôtre.

Ce que vous vivez, ce que nous vivons aujourd'hui fait partie du voyage, mais n'en est qu'une infime partie

Ce « Voyage du héros », l'expression est donc de Joseph Campbell, c'est celui de nos vies, c'est le nôtre, mais il est aussi plus grand que nous. Il dessine le chemin qu'empruntent tous les grands héros mythiques dans leur quête d'eux-mêmes ou de tout Graal : un départ pour un ailleurs ou autre chose, un long voyage semé d'embûches, des rencontres, parfois magiques, des épreuves, des doutes, des échecs, puis un seuil à franchir, une dernière épreuve, un dépassement à faire, un risque à prendre ou un choix à effectuer, et une fois cette porte symbolique et matérialisée franchie, la découverte, et la transformation. « Notre » seigneur des anneaux[1] !

1. Référence au *Seigneur des anneaux* de Tolkien.

Dans notre voyage personnel, l'héroïne, le héros, que nous sommes, rencontrent dans leur quête l'épreuve, un barrage brutal, un torrent infranchissable, une barrière inconnue, une porte fermée. Et risquent peut-être de mourir, à ce stade, sur ce seuil. Une difficulté monstrueuse et effrayante que nous croyons infranchissable et qui nous arrête un moment, inquiets et figés, devant le danger et l'étrange. Devant nous, une possibilité hasardeuse.

Une initiation périlleuse, un chemin de crêtes. Complexe, fatigant, inquiétant. Nous hésitons parfois, nous sommes démunis, effrayés, confus. Attaqués de toutes parts. Il va falloir passer. Il va falloir y aller pour découvrir un Graal éventuel et sans garantie. C'est le passage de gué, le passage de « seuil [1] », une des douze étapes qui attendent les héros, selon Joseph Campbell.

C'est ce qu'explique Campbell, lui qui a su défricher l'essence des mythes et inspirer les sagas modernes au déroulé aussi immuable que nos vies.

Le mythe fait foi.

Pourtant parfois, nous restons longtemps, le nez dans le guidon, à regarder et respecter nos limitations de vitesse, et ce GPS qui nous envoie sur une autoroute balisée et aseptisée, alors que la conquête de l'Ouest est à notre portée. C'est quand même autre chose, la conquête d'un territoire illimité et vierge !

1. https://fr.wikipedia.org/wiki/Voyage_du_h%C3%A9ros.

Passer ce gué : c'est ce qui est important aujourd'hui

Le voyage du héros est à la fois intime et légendaire. Il fait appel à ses valeurs, à nos valeurs tels des boucliers : la valeur de chaque individu, et les valeurs universelles de la Vie. Nos valeurs que sont la générosité, le courage, la bienveillance, la droiture, l'indulgence, l'amour – quand ce voyage est le nôtre. Elles sont aussi virales, invasives, contagieuses. Un bon virus !

Ce voyage est l'ultime épreuve initiatique : grandes et petites épreuves sont la clé de cette porte à ouvrir, à franchir. C'est le lot de toute vie, le choix fondamental. Donc, au programme de nos vies, ce trio magique : Voyage, Valeurs et Épreuve.

> « Quoi que me réserve le sort, ce sera pour mon bien. »
> CAMPBELL

Ce défi ne peut être qu'intéressant et enrichissant, quels qu'en soient son apparence et ses abords négatifs et inquiétants.

Nul besoin d'avoir peur, Campbell est un optimiste fondamental, basant ses certitudes sereines sur nos archétypes les plus vibrants.

> « Si, au lieu de nous laisser décourager, nous réagissons à ces instants avec amour, nous y puisons de la force, les épreuves et aléas de l'existence portent des leçons qui forgent notre caractère, renforcent notre stature, enrichissent notre vie. Quel privilège ! »

Je le crois profondément, nous sommes des Jedi qui s'ignorent, révélés à eux-mêmes par la connexion cœur, corps et esprit qui contient notre vérité et qui s'exprime par notre voix intime. Le seuil franchi, rien ne nous arrête, tout nous est possible. Dans un nouveau monde. Inconnu, un peu incertain, surprenant, mais possible et grandiose.

Parlons juste un instant des moments de grincements

Ceux du monde : notre monde grince depuis de nombreuses années. Quand notre monde grince, l'inconfort domine indéniablement.

Nous avons tous eu ce que j'appelle des moments « WAOUH ». Moi toujours, et plus perturbants encore à compter de ma cinquantaine. Et vous, comment c'était pour vous avant le 17 mars 2020 ? Aviez-vous, avez-vous comme moi, des moments WAOUH où on commence à voir qu'il va falloir changer ? Ces moments, avant et pendant Covid, où on se disait, « on marche tous sur la tête ». Ça passait ou pas ! Ces moments de conscience par intermittence. Des flashs de remise en question.

À tout moment de la vie, la liberté que nul ne peut nous ôter, c'est la liberté de réfléchir

La bonne nouvelle est que, à partir du moment où on éveille sa conscience, le mouvement est lancé et il devient inarrêtable. On ne revient pas en arrière.

L'épreuve, quand elle est une initiation, un seuil, un processus de transformation, nous réveille comme une douche froide. Qui rend le sommeil impossible. Et règle son compte au *statu quo*. Autrement dit : « ce à quoi je fais face s'efface, ce à quoi je résiste, persiste », principe jungien [1] s'il en est.

La question nous taraude parfois : que peut-il arriver de pire. Le pire est passé car la réalité, c'est que « les catastrophes sont là pour nous éviter le pire » nous a enseigné Christiane Singer[2], pour nous stimuler d'une bonne peur, pour ressentir – mais ne plus subir – nos émotions et enfin nous mettre en mouvement. Nous ouvrir pleinement, car en ne renonçant plus à notre Être, nous accédons à une infinité de possibles.

1. Carl Jung : https://fr.wikipedia.org/wiki/Carl_Gustav_Jung.
2. https://fr.wikipedia.org/wiki/Christiane_Singer (*Du bon usage des crises*).

Les cailloux blancs

- La métanoïa est une désintégration positive où nous substituons à notre Moi étroit un Soi plus grand que nous par un changement de regard et donc de vue.

- L'épreuve – quelle qu'elle soit – peut et doit être la Clé d'une transformation, et permettre l'émergence d'un Projet avec du sens pour soi.

- Le deuil, quel qu'en soit l'objet, c'est un lent processus comme la vinification.

- Il nous faut du temps, des colères et des chagrins multiples, successifs et parfois répétitifs, pour accepter ce que nous n'avons pas choisi.

- La caractéristique du choix, volontaire ou imposé : de ne pas pouvoir tout avoir, garder en même temps, de savoir perdre.

- En réalité, ce n'est pas la fin du monde, uniquement la fin d'un monde qui a fait son temps.

- À tout moment de la vie, la liberté que nul ne peut nous ôter, c'est la liberté de réfléchir.

- « Ce à quoi je fais face s'efface, ce à quoi je résiste, persiste. »

12

IL FAUT S'AIMER SOI-MÊME POUR POUVOIR AIMER L'AUTRE

S'il n'existe ni échec, ni réussite, ni regret, ni remords, juste un cheminement vers soi-même, alors au nom de quoi nous dénigrons-nous systématiquement et de quoi pourrions-nous nous tenir rigueur ? C'est aussi simple que cela. Le comprendre est un lent éveil. Un enfantement.

Nous le savons, nous sommes tous nés au monde nus et innocents, *a priori* attendrissants et aimables, et pourtant nous n'avons pas grandi avec la même confiance en soi, la même estime et le même respect de soi.

Je résume : certains d'entre nous ont toujours été aimés, ils savent aimer. Ils savent s'aimer. Oui, je dis bien « s'aimer » et ce n'est pas le fait d'un ego surdimensionné. Non, un amour de soi si simple qu'il vous donne une absolue confiance en soi et la capacité d'aimer les autres pour ce qu'ils sont. Il s'agit juste du bon ordre de l'amour.

S'aimer d'abord, pour aimer le monde

Si c'était si facile de s'aimer, cela se saurait. Il s'agit de s'aimer totalement, dans son imperfection, de s'aimer aussi avec nos zones d'ombre, et ces aspects de nous, ego et autres, pas si jolis et séduisants que nous le voudrions. Si nous nous aimons ainsi inconditionnellement, nous serons capables d'aimer également le monde et les autres dans leur imperfection. Chacun d'entre nous peut et doit se donner tout l'amour qu'il souhaite voir dans le monde.

Beaucoup dont moi, dont vous, le découvrent tardivement.

Alors, vous vous dites que si je ne sais pas m'aimer à mon âge, c'est foutu. Eh non! Le cheminement dure parfois un vie, les remous sont puissants et ce n'est que la dernière goutte du torrent qui fait s'effondrer les barrières et emporte ainsi tous les flots avec elle dans l'immensité d'un océan.

Nos histoires « d'amour » ne sont souvent là que pour nous amener enfin à nous rencontrer

Résonances et dissonances sont là pour que ces rencontres nous fassent évoluer, dans leurs aubes et dans leurs disparitions.

Si je ne m'aime pas, vous le savez : je rencontre le prince charmant, mais j'attends de lui ce qu'il ne peut me donner. Je survis soumise à la loi de l'autre, terrifiée d'être abandonnée, rejetée. Je me vide, j'accroche un sourire en masque et je m'épuise à en mourir. À en crever, plus exactement. Un jour, le destin exige : « Arrête, arrête d'être cette petite fille qui attend de l'amour et se détruit pour l'obtenir. »

« S'aimer
est le commencement
absolu de l'amour :
incarner l'amour
que nous attendons
pour le monde
et pour nous. »

En amitié avec soi

Cela commence par soi, et pourtant cela diffère totalement de l'égoïsme ou de l'égocentrisme. Il ne s'agit pas, comme avant nous l'avons parfois fait, d'affirmer : « Ce que tu vis n'a pas d'importance, ce que je vis, moi, est prioritaire. » Ne nous définissant plus désormais par rapport à l'autre, nous existons avec sérénité et justesse en tant que Soi, que nous respectons.

S'accepter, après avoir compris qui nous sommes, c'est ne pas dire oui comme en se résignant à un inéluctable, mais se dire oui, du fond du cœur, en s'ouvrant et s'accueillant. Vivre plus authentiquement, sans museler qui nous sommes, n'ôte rien à ceux que nous aimons.

Nous ne pouvons plus accepter les dénis, les petites et grandes trahisons, les engagements non respectés, nous ne savons plus passer outre les mensonges, les compromissions et les arrangements qui dégradent les bourreaux et les victimes.

L'amour est la loi

L'amour de soi est même l'alpha et l'oméga du savoir-aimer.

S'aimer, ce n'est plus se parer d'une brillance clinquante. S'aimer, c'est juste se mettre en lumière et s'illuminer par soi-même. En permanence, sans que cela soit fonction d'un calendrier, ni dans un temps imparti et encadré. Ni pour répondre aux attentes extérieures.

« Ma seule validation est la joie dans mon corps, le plaisir dans mon cœur et le pétillement de mon esprit. Ils ne mentent jamais. »

Quand je vibre, c'est le seul diagnostic auquel je me réfère. Ma gratitude est la clé de l'amour.

Plus personne ne vit à ma place, ni ne décide pour moi

Alors bien sûr, cela ne va pas plaire à tout le monde, notre nouveau moi est plus cash, plus authentique, moins diplomate, beaucoup moins sacrificiel. Bien sûr, nous perdons des appuis, des amis, ceux qui nous préféraient réduits au silence, contrôlés, discrets, servants, dévoués, oubliés de nous-mêmes et à qui nous nous soumettions ou dont nous étions le rempart et le marchepied. Et nous étions autrement plus malléables et serviables. Autrement convenables. Avant.

J'accepte de ne pas être aimée, mais je n'accepte plus de ne pas être respectée

Vous découvrez l'incompréhension dans les yeux de ceux et celles à qui nous disons avec une immense douceur : « c'est dommage, mais cela ne marche plus comme cela », ou « tu n'aimes pas, regrettable, mais je ne vais pas changer, c'est à prendre ou à laisser ». Et s'ils n'acceptent pas de nous aimer dans notre vérité ou, à défaut de nous aimer, de nous respecter et de nous accepter tels que nous sommes, nous prendrons pour le temps nécessaire – peut-être toujours – nos distances raisonnables et protectrices hors de leur influence ou de leur incompréhension. Nous nous éloignerons. Peut-être avec tristesse, mais nous ne faillirons plus, nous ne nous manquerons plus à nous-mêmes.

Je prends depuis quelques années ce chemin : je n'ai plus peur de clore des relations qui sont toxiques ou dépassées. De poser ma loi.

Perdre des gens qui comptent pour moi a toujours été douloureux

Cette névrose d'abandon ne me lâchait pas : désormais, je lâche prise sur ce qui ne se met pas avec fluidité en place dans une relation.

Je ne m'effondre plus, je ne me sens plus diminuée et meurtrie, je ne me fustige plus quand certaines relations s'évaporent, ne sont plus réciproques, n'ont plus la même importance ou simplement ont fait leur temps et n'ont plus aucune profondeur. Je n'ai plus de vide à nourrir, une faim insatiable.

La fin d'un échange est certes parfois nostalgique, mais laisse la place à la possibilité de quelque chose de neuf, de surprenant, à une rencontre, au souffle de la vie. À un déferlement.

Nous pouvons aussi nous dire que cette amitié ou cet amour qui défaillent aujourd'hui ne meurent pas vraiment, si tant est qu'ils aient existé et n'aient, aujourd'hui, pas procédé de nos mirages.

La névrose d'abandon ne se guérit pas par une multitude de liens superficiels et aliénants.

Aimer – l'amour sincère – est engrammé dans l'éternité

Pour toujours dans le monde : l'amour ne connaît pas de fin et demeure vivant. Quand il y a eu amour. Au-delà des séparations, des changements de mélodie ou du temps – et il n'est plus question de genre, de race, de culture, de temps –, l'amour ne disparaît jamais, on aime. On aime : « On n'a pas aimé » : cela ne veut rien dire, c'est un non-sens.

Nous nous séparons physiquement ou nous voyageons désormais séparément, il n'existe pas de rupture véritable, quoi qu'on ait pu croire. Quand il y a eu de l'amour. On aime vraiment quelques êtres avec cette fusion de cœur, de corps et d'esprit. Et ces êtres-là, on ne les rencontre pas par hasard, ni par pulsion hormonale. Ils sont là parce que ce sont des âmes sœurs, aimées au-delà de l'existence. Et parfois des frères ennemis, chargés de nous faire évoluer.

L'amour est éternel. Le vivre ensemble et l'histoire seule se terminent, l'histoire que nous nous racontons. Certaines histoires d'amour n'ont été aussi que des illusions : elles n'ont parlé que de nos attentes à son égard et de nos projections sur lui ou elle. Elles explosent au point douloureux où je n'ai pas d'autres choix que de revisiter ma vie, d'en respecter enfin son authenticité, et de voir en face ce que j'ai accepté de vivre pour te garder en me perdant. Désormais, c'est moi que je veux garder et protéger. En te quittant ou en allant sur mon chemin.

On aime, je ne crois pas que ce verbe ait véritablement un temps passé. Simplement, le niveau de notre être et de notre amour a changé et nous n'avons plus entre eux et nous de

« Je ne peux
tout avoir, mais je sais
ce qui m'est essentiel.
En me recentrant,
je m'ouvre à tant
de possibilités
inattendues
et impensables. »

souffle de magie, ni de parfum d'éternité. Et si nous ne nous faisons plus de bien l'un à l'autre, mieux vaut ne plus cheminer ensemble.

Mes choix me définissent

Plus personne ne décide ou n'aime pour moi, c'est moi qui décide de mes limites.

Éliminer et laisser mourir des parties de nous qui ne nous appartiennent plus et nous détacher de ceux qui ne nous épanouissent plus est dans cette logique.

Perdre pour nous élever, grandir, construire et créer.

Parce qu'avec plus de la même chose, il est fort peu probable qu'il nous arrive quoi que ce soit qui ne soit pas habituel, qui soit hors de l'ordinaire. Ne demeurons plus enfermés dans une spirale qui nous avale. Choisissons de vivre complètement différemment, et ces différences en engendreront d'autres, ouvriront d'autres portes, de nouvelles possibilités, des terres vierges et inexplorées. C'est un cercle vertueux cette fois-ci.

Notre chance : nous recentrer sur l'essentiel et entrer dans le cosmos.

Ne pas oublier « le design de départ »

Qui je suis et mes valeurs profondes : désir, vérité, courage, liberté, droiture, générosité, fidélité, bienveillance, attention à l'autre. Nos valeurs qui réémergent avec splendeur. Dans un monde, certes aujourd'hui délabré, déchiré, violent et inique, mais un monde magnifique.

Je me pardonne mes errances qui sont, en fait, celles de tout cheminement vers soi-même. Je libère ma lignée, et toutes celles qui vont reprendre le flambeau, de toute empreinte, et je leur lègue uniquement courage et amour.

Je rencontre véritablement ma puissance

Indéniablement, je suis blessée, diminuée depuis 2014, augmentée aussi. Transformée : parce que le jour où je me suis donné de l'amour, du respect, de la tendresse, de la lumière, avec splendeur et justesse, sont apparus mon désir de vivre, ma créativité, ma légitimité, ma féminité. Tout est devenu possible, tout le champ de mes possibles.
Je suis droite, dans une verticale infinie, incarnée, alignée, et pourtant, avec une autonomie réduite dans l'espace physique. Je prends pleinement ma place dans une horizontalité libérée, et pourtant, handicapée. Par le corps, ce corps, autrement, et désormais mien, limité, et en douleur, mais debout !
Je ne savais ni quand, ni pourquoi, ni comment, mais j'en ai eu l'absolue certitude : je remarcherai ! De même, autre certitude : un autre monde, un monde nouveau allait jaillir !
Blessée, lésée, handicapée, j'ai réappris à marcher. Telle une initiation : peu à peu, lentement, d'allongée, on m'a redressée, redressée, reverticalisée. Pour être debout, il a fallu tâtonner, grandir, plier, tomber et se relever. Vulnérable, demander

du soutien, être assoiffée d'amour. Forte et frêle, tomber et se relever. Je converse avec la douleur, je l'accepte, la vulnérabilité et le handicap aussi.

Apprendre, réapprendre, s'adapter, et vraiment se rééduquer, grandir en élargissant et en faisant différemment, car dans l'adversité, on devient créatif. Quand on quitte sa zone de confort, de sécurité, qu'on prend des risques, on s'ouvre à autre chose, on tente des aventures inédites. Tous en train d'apprendre, à vivre autrement, hors des chemins battus, nous ne savons encore comment, c'est angoissant, l'inconnu.

Il faut avant tout être conscient qu'il y a un préalable totalement essentiel : on doit prendre soin de soi. J'insiste : avec l'absolue confiance en soi qui a pour socle s'aimer et se respecter tout d'abord.

Je reconnais mes peurs et mes blessures, mais je me construis désormais sur elles, sans leur donner la main, en les calmant, les rassurant et les dépassant peu à peu, sans attendre qu'un autre me répare.
Et parce que je me respecte et m'aime telle que je suis, je peux aimer et respecter l'autre tel qu'il est, pour lui-même. Sans chercher à lui plaire. Alors je vis et je suis enfin réconciliée avec toutes les parties si diverses et paradoxales de moi.

« Je suis
mon apprentie
et mon maître,
mon propre Jedi. »

Écoutez qui je suis

Je suis femme,
Je suis cette enfant peu aimée,
Je suis cette enfant reine,
Je suis cette adolescente inhibée,
Je suis cette folle jeunesse,
Je suis une Amazone,
Je suis l'amante et l'Amoureuse,
Je suis violentée,
Je suis sous emprise,
Je suis douce, triste, seule,
Je suis en colère.
Je suis le fruit de mes contradictions,
Je suis une vie parmi tant d'autres.

Les cailloux blancs

- S'aimer d'abord, pour aimer le monde.
- Incarner l'amour que nous attendons pour le monde et pour nous.
- S'aimer, c'est juste se mettre en lumière et s'illuminer par soi-même.
- Ma seule validation est la joie dans mon corps, le plaisir dans mon cœur et le pétillement de mon esprit.
- Je n'ai plus peur de clore des relations qui sont toxiques ou dépassées, de poser ma loi.
- La névrose d'abandon ne se guérit pas par une multitude de liens superficiels et aliénants.
- L'amour ne connaît pas de fin et demeure vivant.
- Parce qu'avec plus de la même chose, il est fort peu probable qu'il m'arrive quoi que ce soit qui ne soit pas habituel.
- Se recentrer sur l'essentiel, et entrer dans le cosmos.
- Le jour où je me suis donné de l'amour, du respect, de la tendresse, de la lumière, avec splendeur et justesse, sont apparus mon désir de vivre, ma créativité, ma légitimité, ma féminité.
- Je suis mon apprentie et mon maître, mon propre Jedi.

13

MES RÊVES SONT MA RÉALITÉ

Si, aujourd'hui, on me demande quand a basculé ma vie, en pensant bien évidemment que ce jour est celui de mon opération ratée le 14 octobre 2014, je crois que je ne vais plus me duper moi-même d'une vérité relative et d'une illusion dramatique scandée en des actes normés : la chute, la crucifixion, les étapes d'un Golgotha et la résurrection. Peut-être est-ce ce jour-là que, tout au plus, j'ai achevé de m'incarner. Un processus commencé dès l'enfance, et que je vois encore aujourd'hui actif sur certains sujets encore sensibles.

Nos prises de conscience sont rarement une simple illumination. Elles sont une lente noria, amenant l'eau par de nombreux rouages. Laissez-moi vous en conter une.

Une pure rencontre

Je me traînais alors dans mon autre vie, engorgée de toutes parts. C'est en 2011 que j'ai eu la chance de faire partie d'une équipe internationale de bénévoles, partis pour un mois, dans des conditions très locales, apporter aide et compétences à des ONG en Inde du Sud, à Chennai plus précisément. Un mois qui, en lui-même, a été déjà une expérience complexe, vivante, émouvante, surprenante. Le sentiment confus qui m'agitait, après ce mois passé dans

« Nos prises
de conscience sont
rarement une simple
illumination.
Elles sont une lente
noria, amenant l'eau
par de nombreux
rouages. »

un monde autre, était que je ne pouvais pas reprendre illico l'avion dans l'autre sens. Je décidais de prendre dans la foulée quelques semaines de détente à Pondichéry, dont je ne savais pas grand-chose, sinon que le nom sonnait joliment à mes oreilles.

Au prétexte, en fallait-il un, de retrouver la trace de Philippe Barbier-Saint-Hilaire [1], grand-oncle décédé d'une amie, disciple, sous le nom de Pavitra, de Sri Aurobindo [2] et de Mère [3]. D'eux, je ne connaissais également pas grand-chose. Pondichéry est lumière et grâce, surtout au sortir de la folle Chennai, bruyante, étouffante, brutale et agitée. Quand l'immense plage de Chennai est le centre animé et furieux des balades incessantes de la multitude, de la joie et des saris portés magnifiquement, mais aussi des excréments dans lesquels on piétine, des chiens errants, des êtres faméliques et à demi nus, des marchands ambulants aux marchandises trop sucrées, des tombées de nuit magiques et des aubes salies, la petite promenade côtière de Pondichéry est délicieusement désuète, calme et provinciale, comme si on était transporté d'un coup de baguette magique dans un rivage un peu breton. Dans un siècle passé. La villégiature en ces lieux peut n'être que gentiment exotique, pleine des charmes du quartier français, à baguenauder entre des boutiques ravissantes, des échoppes amusantes et des restaurants parfumés et aérés. Une carte postale de l'Inde du Sud, engravée de temples majestueux, facile à vivre et pleine d'histoire.

1. Pavitra : https://fr.wikipedia.org/wiki/Philippe_Barbier-Saint-Hilaire.
2. Philosophe, poète et écrivain indien : https://fr.wikipedia.org/wiki/Aurobindo_Ghose.
3. Mère, ou Mirra Alfassa, qui parcourut son chemin spirituel avec Sri Aurobindo et fonda la cité d'Auroville : https://fr.wikipedia.org/wiki/Mirra_Alfassa.

Près du temple du centre de la ville, l'éléphant, contre quelques roupies, dispense à tous, et aux touristes en particulier, la bénédiction de sa trompe. Les premiers jours, j'avais peur de m'approcher de lui, puis le saluer devint un rituel journalier. Rassurant.

Non loin de lui, se trouve l'ashram [1] de Pondichéry, fondé par Mère et Sri Aurobindo, un élément de plus, si on le veut ainsi, de la carte postale, mais aussi un haut lieu de méditation où des hôtes plus férus de yoga, de spiritualité et d'hindouisme résident. Pour le touriste lambda, dans l'ashram, un parcours est tracé, une petite introduction des lieux, ôter ses chaussures, payer son écot, suivre le cheminement obligé et limité jusqu'à une cour ombragée d'un grand arbre où trônent au milieu, couvertes d'un mandala sublime de fleurs fraîches, les tombes de Mère et de Sri Aurobindo. En faire le tour. Éventuellement une prière. L'endroit est profond, apaisé, silencieux, recueilli. C'est déjà un cadeau. En ressortant, le magasin de souvenirs, encore dans son jus, vend de merveilleuses photos démodées des deux sages. Et l'on revient à la rue, ravi d'une visite, souvent un peu loin du réel.

Ce jour-là, j'avais à cœur de ramener à mon amie une trace de son aïeul. Cette demande faite avant mon départ servait de fil rouge à ma visite. Son grand-oncle, décédé depuis belle lurette, avait baroudé dans tout l'Extrême-Orient du XIXe siècle, pour rejoindre Pondichéry en 1925 et devenir Pavitra, le secrétaire des deux grandes figures pendant

1. https://fr.wikipedia.org/wiki/Ashram.

quarante-quatre ans. Destin un peu surprenant d'un polytechnicien.

Un peu de peine à expliquer mon affaire aux très délicates personnes de l'accueil de l'ashram, je les sentais amicales mais désorientées devant ma requête. On me demande de patienter. Ça papote, je ne sais de quoi. On a le temps en Inde, et il est difficile de discerner si on attend pour quelque chose ou si on patiente vers une fin de non-retour, suave et calmement amenée. Après une pause indécise, avec une gentillesse exquise, on me fait signe de suivre.

Je retraverse le patio. Sous un auvent, une porte claire, j'entre dans un bureau spacieux, un peu usagé, rempli de livres fanés, un peu comme une salle des professeurs des années 1960. Une personne m'attend. Elle se lève, belle comme une Italienne, c'est ma première impression : les cheveux bruns relevés en un chignon à la fois doux et savant, grande, fine, élégante dans une couleur parme et tendre.

Elle me serre dans ses bras. J'y reviens, je reviens à elle, je reviens à moi. Nous sommes toutes deux émues, moi plus étonnée qu'elle. Elle se nomme Chum, elle ne me dit rien d'elle, et je n'ose pas l'interroger, tant ce qui se passe est juste. C'est elle qui me fait parler de ma venue, de ma recherche, de moi. Et elle m'écoute à la fois avec bienveillance et une distance qui oblige à l'authenticité. Elle me regarde vraiment. Elle me donne des ouvrages à lire et me propose de me faire accompagner le lendemain dans un endroit où reposent les restes du grand-oncle. Je la quitte comme sur un nuage.

Le lendemain, le gardien de l'ashram m'accueille désormais comme une vieille connaissance. Je franchis autrement les mêmes chemins pour retrouver rapidement Chum, dans

les bras de qui je fonds à nouveau comme du sucre glace.
Chum me remet entre les mains du plus bel homme que j'ai jamais vu, des yeux bleus intenses, superbes, une crinière blanche épaisse, très chic dans une tenue traditionnelle toute blanche. Éclatant de douceur. Il m'ouvre la porte d'une voiture improbable et resplendissante de chrome, une « Ambassador ». Je m'assieds sur une banquette du plus incroyable velours framboise écrasée et nous voilà, démarrant impérialement dans les rues défoncées de Pondichéry, puis sur des chemins de campagne.
Mon chauffeur, s'il en est un, a un sourire et une gaieté communicatifs. J'aime instinctivement me trouver à ses côtés, je l'aime tout simplement aussi. Il me confie avoir connu une bonne partie de sa vie Mirra Alfassa ou Mère. Celle-ci, née en 1878, est morte en 1973. Il a au moins 80 ans, voire plus. Il me dit que nous nous rendons à la ferme de l'ashram : « les jardins de Cazaban ».
Au marché, avant de rejoindre l'ashram, toute à mes certitudes d'Européenne sur la bienséance, j'ai acheté quelques arums blancs pour la tombe du grand-oncle, qui embaument la voiture. Nous sommes sur des chemins de terre, au milieu de nulle part. Un portail qu'on ouvre pour nous. Encore un long chemin dans un jardin verdoyant et prolifique. Pour arriver aux pieds d'un autre homme également de toute beauté qui se présente avec humour comme le jardinier.
Même époque, qui leur a plutôt bien réussi. Beauté et pétillement, visiblement ces deux-là se connaissent et s'amusent gentiment de moi et de mes fleurs, et leur cœur est tel que leur joie me gagne.

J'en aurais oublié l'oncle s'ils ne m'avaient fait entrer dans une sorte de cloître en marbre blanc, sobre, avec quelques pierres et profusion de fleurs en son centre de terre battue. L'oncle est là, me disent-ils et ils me laissent me recueillir dans ce « là » où doivent demeurer ses cendres mêlées à d'autres aimés de l'ashram pour l'éternité. Et ce sont cette éternité et cette paix que je ressens alors, au contact de ces individus qui ne font plus qu'un. Je dépose mes fleurs, et beaucoup de mes certitudes pour toujours. Je me recueille aussi sur moi. J'y reste un moment, court ou long, je ne sais pas. Au sortir, j'ai envie de rester là, dans ce jardin, plus longtemps, mes hôtes me font du bien. Il faut rentrer vers l'ashram. Rêveuse.

À l'arrivée, la chaleur est moins brulante, l'humidité plus douce, je rentre un instant remercier Chum. Elle m'attend, pleinement intemporelle. Son français est parfait, raffiné. Nous bavardons un instant, et elle me propose comme une évidence : « Je veux te montrer l'appartement où Pavitra est mort. » Elle m'explique que je ne peux pas passer par l'intérieur de l'ashram. D'ailleurs, elle ajoute en riant, « ni aller là où je vais t'emmener, on va rester discrètes », et me laisse l'attendre au pied d'un escalier blanc et gris extérieur. Elle disparaît et réapparaît au premier étage, ayant ouvert une porte-fenêtre et me faisant signe de la rejoindre.

Je grimpe et entre dans une première pièce avec de magnifiques bibliothèques de bois sombres. La lumière y joue avec des particules de poussière, c'est magique. L'endroit semble avoir été figé un jour, il y a des années. Dans un coin, un flacon vide de parfum de Guerlain, *L'Heure bleue*, des journaux, en français, jaunis, des plumiers, de l'encre, des

vitrines, un fauteuil, une table. Le silence le plus absolu, l'air est pesant, il fleure le musc. Pour une raison quelconque, Chum m'y laisse seule un grand moment, impressionnée, emplie, en lévitation du mental. À son retour, me montrant le bureau, elle me dit : « C'est celui de Sri Aurobindo que Pavitra utilisera ensuite jusqu'à ce qu'il quitte son corps. » Ce fut aussi leur chambre en fin de vie. Pavitra décédera le 16 mai 1969 à 75 ans. Elle me fait changer de pièce, une autre chambre, ce me semble, avec un lit, et un grand balcon dont elle me fait approcher. « C'est de là, me dit-elle, que Mère donna jusqu'à son dernier darshan. » Mon cœur bat. Nous redescendons, Chum a des rendez-vous.
Je vais repartir dans trois jours. Le lendemain, j'ai décidé de retourner à Auroville [1] au Matrimandir [2] que j'ai découvert à mon arrivée à Pondichéry : après avoir montré patte blanche, c'est un bonheur d'aller aussi souvent que possible auprès de cette construction surprenante et symbolique, de gravir ses pentes en double hélice et de pénétrer dans cette salle incroyable, ce dôme au centre duquel se trouve un cristal. S'y asseoir, le contempler et méditer le temps imparti, en silence du début à la fin. Chaque fois que j'ai voulu y aller, cela s'est fait, j'en ai visité tous les recoins, dont la superbe fontaine du rez-de-chaussée. J'apprends qu'il existe, dans des corolles discrètes, des petites salles de méditation, fort prisées et, hélas, sur réservation. La jeune guide avec laquelle je me suis entretenue me hèle : à l'instant même,

1. Auroville, ville expérimentale en Inde : https://fr.wikipedia.org/wiki/Auroville.
2. Le Matrimandir, espace de méditation : https://fr.wikipedia.org/wiki/Auroville#Le_Matrimandir.

un désistement, une place dans la bulle nommée Joie que George Lucas n'aurait pas dédaignée pour la faire figurer dans un *Star Wars*, un cocon, hors du temps et de l'espace. La joie en sa plénitude.

Je suis cependant très attristée de devoir quitter Pondichéry. La veille de mon départ, je vais saluer Chum qui me gâte comme un être cher qui part en voyage. Et tout à trac, me dit : « tu n'as pas vu le catafalque de Mère, n'est-ce pas ? », et me prend la main, traversant l'ashram sans hésiter, avec fermeté et autorité, ouvre un grand portail de bois blanc, jusqu'alors toujours fermé. Chum me fait entrer dans une immense cour rectangulaire, dont je crois me rappeler des carrelages ou des mosaïques, où se trouve une sorte de lit blanc, vide. Personne ni dedans, ni autour. Nous nous inclinons, l'émotion me submerge, et moi qui ne suis guère dévote ou religieuse, je tombe à genoux. Je ne peux encore aujourd'hui donner une explication à ce qui se passa en moi ce jour-là, mais je garde dans ma chair l'émotion qui me submergea.

Je ne reverrai jamais Chum : durant les années qui suivirent, nous échangeâmes des cadeaux par messagers interposés à travers le monde, des courriers, des mails. Elle m'envoyait des ravissants petits messages imprimés de l'ashram, contenant, à l'occasion de fêtes, des citations de Sri Aurobindo ou de Mère enrobées dans des enveloppes raffinées avec de beaux timbres. Je les conserve précieusement. Dans l'une d'elles, elle ajouta une fleur séchée. Elle s'inquiéta de mon accident. Jusqu'en 2015 : un jour, elle ne répondit plus, je ne reçus plus de mail. J'essayais de savoir qui elle était, ce qu'elle devenait, comment elle avait rejoint l'ashram, avait-elle fait partie des enfants que Mère éduqua ? Je finis par trouver un contact à l'ashram et c'est ainsi qu'en insistant, j'appris sa mort le 9 mai 2016, trois jours après son anniversaire. Pourtant, Chum est à mes côtés, et je ne serai pas qui je suis si je ne l'avais rencontrée.

La graine est en moi au moins depuis 2011, sinon depuis toujours, elle attendait d'être arrosée.

Alors, oui, je suis devenue bien plus que celle que j'étais

Pourtant…

Quand je souhaite amuser la galerie et m'éviter la pitié, il m'arrive de commenter ma vie en disant que je ne danse plus le rock, ce que j'adorais faire, mais que je l'ai énormément dansé. C'est vrai. C'est exact, mais danser est bien davantage et me manque atrocement. C'est un déchirement quand vient à des soirées, mariages, anniversaires, le moment où la musique emporte tout, où tous se rejoignent et se bousculent sur la piste de danse, où les corps sont libres, libérés et joyeux, et célèbrent la vie. Le rock, je peux en faire mon deuil. Ce n'est qu'une mode. Mais pas de danser. Pas du plaisir de se lever librement, de marcher les bras ballants, au gré du vent, en sautillant sur une plage déserte, au rythme des vagues. Pas de la joie de trépigner à un concert et de gagner une estrade pour ressentir plus fort l'élan de la foule. Pas de danser follement, librement, ma danse, dans sa souplesse, dans son élasticité, dans la puissance du corps, mon corps qui se vrille et virevolte, les jambes qui tricotent et s'emmêlent, les bras qui se lèvent, la tête qui se secoue comme une folle, les cheveux balayant tout autour, le ventre qui chaloupe, les hanches qui tressautent, le rythme qui devient automatique et la répétition d'une chorégraphie unique et qui n'appartient qu'à moi. De cela je suis privée. Et j'en pleure.

Comme je suis privée d'une promenade avec un amoureux, et d'obéir aux envies de nos corps, et de cheminer au fil des découvertes communes de nos sensations et nos désirs. Mon désir est compliqué et fragile désormais. Mon corps est complexe et demande une grande délicatesse.

Il m'arrive quelquefois de croiser une femme comme moi, qui court, qui nage, escalade un rocher, traverse vivement la rue, porte des sandales dorées ou des nu-pieds argent, elle tient un panier de légumes et de fleurs, elle est allée au marché flâner entre les étals, elle se repose allongée sur le sable fin d'une plage au soleil ou elle lit, lovée sur l'herbe fraîche, elle est allée seule observer les étoiles, elle sort son chien, elle porte un bébé, elle donne la main à un enfant. Ce que je ne peux pas, ce que je ne peux plus.

Bien sûr, on me dit : assieds-toi, écoute la musique dans ton corps. On me dit : sur une chaise, tu peux imaginer et visualiser que tu fais du yoga. On me dit, on va t'allonger sur l'herbe et te relever, on va t'accompagner au marché s'il n'y a pas trop de monde. Et c'est parfois possible de vivre, tronqués, certains plaisirs. Pas tous.

Les grandes douleurs sont le corollaire des grandes découvertes

Les gens qui ne savent ni m'aimer, ni m'accorder leur bienveillance, ni me respecter, je ne me dois plus à eux. Je les laisse à leurs choix de vie dont ils sont les seuls maîtres.

Ne vivant plus dans les illusions des autres, je vis mes rêves qui sont ma réalité : en paix, debout, citoyenne et engagée, comme un phénix, je suis, comme vous, une voyageuse de la vie. Mes difficultés et mes blessures parlent aux vôtres.

J'ai encore des seuils à franchir, des morts et des deuils à vivre, des libérations à accomplir. Ma joie, simple, dansante et contagieuse, je vous la livre ! Ainsi, je rencontre, et vous pouvez aussi rencontrer votre part d'éternité, qui est également faite de vos réussites et de vos échecs.

Rien n'est impossible, surtout le bon

J'en suis juste une incarnation, l'illustration, une preuve parmi d'autres.

Que tout est possible en rassemblant sans exclusion toutes nos expériences jusqu'à trouver leur sens. Je suis debout, Femme publique, citoyenne et engagée. Je suis une Femme imparfaite, ordinaire, vivante comme vous, pas un exemple. Je suis Passeuse de mots : mon premier livre, *Le Roseau penchant, histoire d'une merveilleuse opération*, est paru le 14 octobre 2017, soit trois ans jour pour jour après mon opération. Le destin ou

« La guerrière
imparfaite,
que je demeure,
ne se redresse que
pour ce qui la nourrit
intérieurement,
avec passion et espoir,
en se réinventant
dans le monde bercé
de lumière. »

autre chose. Je ne suis pas un gourou, je suis une passeuse. Je m'expose, car l'authenticité seule touche le cœur des gens ! C'est un risque que j'assume !

Depuis, le champ des possibles se déploie.

J'ai changé mes curseurs, je ne suis plus contrôlée par mes peurs, ni par mes émotions négatives : mes émotions sont tout autres, et je les accueille.

Ma chance : avoir un message à porter sur l'écoute et le respect de soi, sur le lâcher-prise, sans jugement, de nos croyances devenues limitantes, sur l'importance d'aligner son cœur, son corps et son esprit, sur la confiance en soi, en la vie. Je pense profondément, je crois que nous vivons tous ce que nous sommes capables de vivre dans des vies qui se construisent par étapes, et que nous pouvons honorer en nous-mêmes et avec l'autre pour que ce monde en entier devienne plus juste, plus respectueux, plus inclusif et plus divers, plus ouvert, cela ne tient qu'à nous. Ensemble. On ne lâche rien, c'est aussi une bonne viralité.

Soyons un phénix[1], notre propre Jedi pour notre éternité

Formidable métaphore de la vie pour une mise au monde, longue et au forceps, à laquelle l'esprit s'est allié, enchanté de ces retrouvailles, pour que je devienne qui je suis, en lumière et

1. Oiseau mythique qui renaît de ses cendres : https://fr.wikipedia.org/wiki/Ph%C3%A9nix.

« J'ai appris
à ne plus contrôler,
mais à maîtriser,
c'est totalement
différent, c'est agir
en mon nom,
comme mon propre
maître. »

éclairée et le cœur ouvert et connecté, avec une parole authentique et libre. Enfin, bienveillante et enragée.

Pour m'ériger avec mes mots pour seules armes. Passeuse de mots.

Alors voilà, je vous dis, ce monde en péril nécessite que nos voix s'élèvent, que vos voix se lèvent. Désormais, je me lève, je m'élève, je regarde au loin et haut : femme publique dans le monde, femme Flamme qui diffuse, je m'élance.

Alors voilà, je vous dis, mes filles :

Je suis qui je suis. Je suis Femme, je suis Mère, Citoyenne et engagée. Je me lève et je marche avec vous.

Et un jour, il sera temps de mourir, mais pas de crever : car ma vie, et la vôtre, vécues, sans autres limites que les nôtres, avec authenticité, auront laissé un vrai sillon. Et nous serons prêts pour un nouveau voyage.

« Forte de mes paradoxes,
vulnérable et invincible,
immobile et en mouvement,
ancrée et flottante, aimante
et aimée, dans le bonheur
profond d'être ensemble,
je m'inscris dans la lignée
des femmes puissantes,
qui œuvrent avec justesse,
et sont en train d'enfanter
le monde, en enchantant
la vie. »

Merci

À mes filles, Valentine, Éléonore et Antoinette pour une filiation heureuse

À mes amies et à ces femmes rencontrées dans des échanges profonds

À mes très proches, femmes et hommes de valeur

À Fafa qui demeure mon aimée inconditionnelle

À Françoise qui a corrigé mes errances et soutenu mon écriture

À Guy Trédaniel et ses Drôles de dames exceptionnelles : Florence, Virginie, Chloé, Hélène, et au bonheur de cette collaboration

À Frédéric Vignale et à son talent pour saisir chaque instant avec un œil neuf

À Noah et Joseph, mes espoirs

TABLE DES MATIÈRES

Création et composition : Soft Office

Achevé d'imprimer en juillet 2022
sur les presses de la Nouvelle Imprimerie Laballery
58500 Clamecy
Dépôt légal : août 2022
Numéro d'impression : 207109

Imprimé en France

La Nouvelle Imprimerie Laballery est titulaire de la marque Imprim'Vert®